FRA MØRKET TIL HERREMELDING: 40 dager for å bryte seg fri fra mørkets skjulte grep

En global andakt om bevissthet, befrielse og kraft

For enkeltpersoner, familier og nasjoner som er klare til å bli frie

Ved

Zacharias Godseagle; Ambassador Monday O. Ogbe and Comfort Ladi Ogbe

Innholdsfortegnelse

Om boken – FRA MØRKET TIL HERREGÅRD...1
Baksidetekst...3
Mediekampanje i ett avsnitt (presse/e-post/annonsetekst)......................4
Dedikasjon...6
Takksigelser...7
Til leseren..8
Slik bruker du denne boken..10
Forord..13
Forord..15
Introduksjon..16
KAPITTEL 1: DET MØRKE RIKETS OPPRINNELSE.....................19
KAPITTEL 2: HVORDAN DET MØRKE RIKET FUNGERER I DAG..22
KAPITTEL 3: INNGANGSPUNKTER – HVORDAN FOLK BLI HEKTA..25
KAPITTEL 4: MANIFESTASJONER – FRA BESETTELSE TIL BESETNING...27
KAPITTEL 5: ORDETS MAKT – DE TROENDES AUTORITET 29
DAG 1: BLODSLINJER OG PORTER — Å BRYTE FAMILIELENKER...32
DAG 2: DRØMMEVANSJONER — NÅR NATTEN BLIR EN SLAGMARK...35
DAG 3: ÅNDELIGE EKTEFELLE – VANHELLIGE FORBINDELSER SOM BINDER SKJEBNER..38
DAG 4: FORBANNEDE GJENSTANDER – DØRER SOM URENNER..41
DAG 5: FORTRYLLET OG BEDRATT — Å BRYTE FRI FRA SPOMMESÅNDEN...44
DAG 6: ØYETS PORTER – Å STENGJE MØRKETS PORTALER. 47
DAG 7: KRAFTEN BAK NAVN – Å FORNEMME UHELLIGE IDENTITETER..50
DAG 8: AVMASKERING AV FALSK LYS – NEW AGE-FELLER OG ENGLEBEDRAG..53

DAG 9: BLODALTERET – PAKTER SOM KREVER ET LIV 56

DAG 10: Ufruktbarhet og knusthet – Når livmoren blir en slagmark 59

DAG 11: AUTOIMMUNE LIDELSER OG KRONISK UTMATTELSE – DEN USYNLIGE KRIGEN INNE 62

DAG 12: EPILEPSI OG PSYKISK PLAGE — NÅR SINNET BLIR EN SLAGMARK 65

DAG 13: FRYKTENS ÅND — Å BRYTE BURETTET AV USYNLIG PIGEN 68

DAG 14: SATANISKE MERKER – Å VISKJE UT DET UHELLIGE MERKEET 71

DAG 15: SPEILRIKET — Å UNNSLIPPE REFLEKSJONENE 74

DAG 16: Å BRYTE FORBANNELSENE – Å GJENVINNE NAVNET DITT, DIN FREMTID 77

DAG 17: BEFRIELSE FRA KONTROLL OG MANIPULERING 80

DAG 18: Å BRYTE MAKTEN AV UTILFØLELSE OG BITTERHET 83

DAG 19: HELBREDELSE FRA SKAM OG FORDØMMELSE......... 86

DAG 20: HJEMMETS HEKSKRAFTER – NÅR MØRKET BOR UNDER SAMME TAK 89

DAG 21: JESEBEL-ÅNDEN – FORFØRELSE, KONTROLL OG RELIGIØS MANIPULASJON 92

DAG 22: PYTONER OG BØNNER — Å BRYTE INNSNEVNINGENS ÅND 96

DAG 23: UNNSKAPSTRONER — Å RIVE NEDLØP AV TERRITORIALE FESTNINGER 99

DAG 24: SJELFRAGMENTER – NÅR DELER AV DEG MANGLER 102

DAG 25: FORBANNELSEN TIL FREMMELIGE BARN – NÅR SKJEBNER BYTTES VED FØDSELEN 105

DAG 26: SKJULTE MAKTALTERE — Å BRYTE SEG FRI FRA ELITTE OKKULTISKE PAKTER 108

DAG 27: UHELLIGE ALLIANSER — FRIMURERI, ILLUMINATI OG ÅNDELIG INFILTRASJON 111

DAG 28: KABBALA, ENERGINETT OG LOKKINGEN AV MYSTISK «LYS» 114

DAG 29: ILLUMINATIS SLØR – AVMASKERING AV DE ELITE OKKULTE NETTVERKENE..................117
DAG 30: MYSTERIESKOLENE – GAMLE HEMMELIGHETER, MODERNE FENDRELAG..................120
DAG 31: KABBALA, HELLIG GEOMETRI OG ELITELYSBEDREGG..................124
DAG 3 2: SLANGEÅNDEN I DEG – NÅR BEFRIELSEN KOMMER FOR SENT..................128
DAG 33: SLANGEÅNDEN I DEG – NÅR BEFRIELSEN KOMMER FOR SENT..................132
DAG 34: FRURERE, KODER OG FORBANNELSER — Når brorskap blir trelldom..................136
DAG 35: HEKSER I BENKENE — NÅR ONDSKAPET KOMMER INN GJENNOM KIRKEDØRENE..................140
DAG 36: KODEDE FORMELLER – NÅR SANGER, MOTE OG FILMER BLIR PORTALER..................144
DAG 37: MAKTENS USYNLIGE ALTERE – FRIMURERE, KABBALAH OG OKKULTE ELITTER..................148
DAG 38: LIVMORSPAKTER OG VANNRIKER — NÅR SKJEBNEN ER URENNET FØR FØDSELEN..................152
DAG 39: VANNDØPT TIL TRELDHET – HVORDAN SPEDBARN, INITIALER OG USYNLIGE PAKTER ÅPNER DØRER..................156
DAG 40: FRA BEFRIET TIL BEFRIETTER — DIN SMERTE ER DIN ORDINASJON..................160
360° DAGLIG ERKLÆRING OM BEFRIELSE OG HERREGJØRELSE – Del 1..................163
360° DAGLIG ERKLÆRING OM BEFRIELSE OG HERREGJØRELSE – Del 2..................165
360° DAGLIG ERKLÆRING OM BEFRIELSE OG HERREGJØRELSE - Del 3..................169
KONKLUSJON: FRA OVERLEVELSE TIL SØNNEKAP – Å FORBLI FRI, LEVE FRI, SETTE ANDRE FRI..................173
  Hvordan bli født på ny og starte et nytt liv med Kristus..................176
  Mitt frelsesøyeblikk..................178
  Sertifikat for nytt liv i Kristus..................179

KONTAKT MED GUDS EAGLE MINISTRIES 180
ANBEFALT BØKER OG RESSURSER 182
VEDLEGG 1: Bønn for å oppdage skjult hekseri, okkulte praksiser eller merkelige altere i kirken 196
VEDLEGG 2: Protokoll for medieavståelse og rensing 197
VEDLEGG 3: Frimureri, Kabbalah, Kundalini, Hekseri, Okkult Forsakelsesskrift 198
VEDLEGG 4: Veiledning for aktivering av salvingsolje 199
VEDLEGG 6: Videoressurser med vitnesbyrd for åndelig vekst 200
SISTE ADVARSEL: Du kan ikke leke med dette 201

Opphavsrettsside

FRA MØRKET TIL HERREMELDING: 40 dager for å bryte fri fra mørkets skjulte grep – En global andakt om bevissthet, befrielse og kraft

Av Zacharias Godseagle, Comfort Ladi Ogbe & ambassadør mandag O. Ogbe

Opphavsrett © 2025 av **Zacharias Godseagle og God's Eagle Ministries – GEM**

Alle rettigheter forbeholdt.

Ingen deler av denne publikasjonen kan reproduseres, lagres i et gjenfinningssystem eller overføres i noen form eller på noen måte – elektronisk, mekanisk, fotokopiering, opptak, skanning eller på annen måte – uten skriftlig tillatelse fra utgiverne, med unntak av korte sitater i kritiske artikler eller anmeldelser.

Denne boken er et verk av sakprosa og andaktslitteratur. Noen navn og identifiserende detaljer er endret av hensyn til personvern der det er nødvendig.

Skriftstedssitater er hentet fra:

- *New Living Translation (NLT)*, © 1996, 2004, 2015 av Tyndale House Foundation. Brukt med tillatelse. Alle rettigheter forbeholdt.

Omslagsdesign av GEM TEAM
Interiøroppsett av GEM TEAM
Utgitt av:
Zacharias Godseagle og God's Eagle Ministries – GEM
www.otakada.org [1] | ambassador@otakada.org
Første utgave, 2025
Trykt i USA

---

1. http://www.otakada.org

Om boken – FRA MØRKET TIL HERREGÅRD

FRA MØRKET TIL HERREMESTER: 40 dager for å bryte fri fra mørkets skjulte grep - *En global andakt om bevissthet, befrielse og kraft - For enkeltpersoner, familier og nasjoner klare til å bli fri* er ikke bare en andakt – det er et 40-dagers globalt befrielsesmøte for **presidenter, statsministre, pastorer, kirkearbeidere, administrerende direktører, foreldre, tenåringer og enhver troende** som nekter å leve i stille nederlag.

Denne kraftfulle 40-dagers andakten tar for seg *åndelig krigføring, utfrielse fra forfedrenes altre, bryting av sjelsbånd, okkult avsløring og globale vitnesbyrd fra eks-hekser, tidligere satanister* og de som har overvunnet mørkets makter.

Enten du **leder et land**, **er pastor i en kirke**, **driver en bedrift** eller **kjemper for familien din i bønnekammeret**, vil denne boken avsløre det som har vært skjult, konfrontere det som har blitt ignorert og gi deg kraft til å bryte fri.

En 40-dagers global andakt om bevissthet, befrielse og kraft
Innenfor disse sidene vil du møte:

- Blodslinjeforbannelser og forfedrepakter
- Åndeektefeller, marine ånder og astral manipulasjon
- Frimureri, kabbalah, kundalini-oppvåkninger og heksealtre
- Barneinnvielser, prenatal innvielser og demoniske bærere
- Medieinfiltrasjon, seksuelle traumer og sjelsfragmentering
- Hemmelige selskaper, demonisk kunstig intelligens og falske vekkelsesbevegelser

Hver dag inneholder:

- En virkelig historie eller et globalt mønster
- Skriftbasert innsikt
- Gruppe- og personlige anvendelser
- Befrielsesbønn + refleksjonsdagbok
Denne boken er for deg hvis du:

- En **president eller politiker** som søker åndelig klarhet og beskyttelse for nasjonen din
- En **pastor, forbeder eller kirkearbeider** som kjemper mot usynlige krefter som motstår vekst og renhet
- En **administrerende direktør eller bedriftsleder** står overfor uforklarlig krigføring og sabotasje
- En **tenåring eller student** plaget av drømmer, pine eller merkelige hendelser
- En **forelder eller omsorgsperson** som legger merke til åndelige mønstre i blodslinjen din
- En **kristen leder** lei av endeløse bønnesykluser uten gjennombrudd
- Eller rett og slett en **troende klar til å gå fra å overleve til å seire**

Hvorfor denne boken?

Fordi i en tid hvor mørket bærer lysets maske, **er utfrielse ikke lenger valgfritt**.

Og **makten tilhører de informerte, de utstyrte og de overgitte**.

Skrevet av Zacharias Godseagle, ambassadør Monday O. Ogbe og Comfort Ladi Ogbe, dette er mer enn bare undervisning – det er en **global vekker** for Kirken, familien og nasjonene om å reise seg og kjempe tilbake – ikke i frykt, men i **visdom og autoritet**.

Du kan ikke disippelgjøre det du ikke har levert. Og du kan ikke vandre i herredømme før du bryter deg fri fra mørkets grep.

Bryt syklusene. Konfronter det skjulte. Ta tilbake din skjebne – én dag av gangen.

Baksidetekst

F RA MØRKET TIL HERREMELDING
40 dager for å bryte fri fra mørkets skjulte grep
En global andakt om bevissthet, befrielse og kraft
Er du **president**, **pastor**, **forelder** eller en **bedende troende** – desperat etter varig frihet og et gjennombrudd?
Dette er ikke bare en andakt. Det er en 40-dagers global reise gjennom de usynlige slagmarkene med **forfedrenes pakter, okkult trelldom, marine ånder, sjelsfragmentering, medieinfiltrasjon og mer**. Hver dag avslører virkelige vitnesbyrd, globale manifestasjoner og handlingsrettede befrielsesstrategier.
Du vil avdekke:

- Hvordan åndelige porter åpnes – og hvordan man lukker dem
- De skjulte røttene til gjentatt forsinkelse, pine og trelldom
- Kraftige daglige bønner, refleksjoner og gruppeapplikasjoner
- Hvordan gå inn i **herredømme**, ikke bare befrielse

Fra **heksekunstaltere** i Afrika til **new age-bedrag** i Nord-Amerika ... fra **hemmelige selskaper** i Europa til **blodpakter** i Latin-Amerika – **denne boken avslører alt**.
FRÅ MØRKET TIL HERREØDE er din veiviser til frihet, skrevet for **pastorer, ledere, familier, tenåringer, fagfolk, administrerende direktører** og alle som er lei av å sykle gjennom krigføring uten seier.
«Du kan ikke disippelgjøre det du ikke har levert. Og du kan ikke vandre i herredømme før du bryter deg fri fra mørkets grep.»

Mediekampanje i ett avsnitt (presse/e-post/annonsetekst)

FRÅ MØRKE TIL HERREGÅRD: 40 dager for å bryte fri fra mørkets skjulte grep er en global andakt som avslører hvordan fienden infiltrerer liv, familier og nasjoner gjennom altere, blodslinjer, hemmelige selskaper, okkulte ritualer og hverdagslige kompromisser. Med historier fra alle kontinenter og kamptestede befrielsesstrategier, er denne boken for presidenter og pastorer, administrerende direktører og tenåringer, husmødre og åndelige krigere – alle som er desperate etter varig frihet. Den er ikke bare for lesing – den er for å bryte lenker.

Foreslåtte tagger

- befrielsesandakt
- åndelig krigføring
- eks-okkulte vitnesbyrd
- bønn og faste
- bryte generasjonsforbannelser
- frihet fra mørket
- Kristen åndelig autoritet
- marine ånder
- kundalini-bedrag
- hemmelige selskaper avslørt
- 40 dagers levering

 # Emneknagger for kampanjer
#MørkeTilHerredømme
#BefrielseAndakt
#BrytLenkene

#FrihetGjennomKristus
#GlobalOppvåkning
#SkjulteSlagAvslørt
#BeForÅBryteFri
#ÅndeligKrigføringBok
#FraMørkeTilLys
#Rikeautoritet
#IkkeMerBondage
#EksOkkultVitnesbyrd
#KundaliniAdvarsel
#MarineSpiritsAvslørt
#40DaysAfFrihet

Dedikasjon

Til ham som kalte oss ut av mørket til sitt underfulle lys – **Jesus Kristus**, vår befrier, lysbærer og herlighetens konge.

Til hver sjel som roper ut i stillhet – fanget av usynlige lenker, hjemsøkt av drømmer, plaget av stemmer og kjemper mot mørket på steder der ingen ser – denne reisen er for deg.

Til **pastorene**, **forbederne** og **vekterne på muren**,

til **mødrene** som ber gjennom natten, og **fedrene** som nekter å gi opp,

til den **unge gutten** som ser for mye, og den **lille jenta** som blir merket av ondskap for tidlig,

til **administrerende direktører**, **presidenter** og **beslutningstakere** som bærer usynlige vekter bak offentlig makt,

til **kirkearbeideren** som sliter med hemmelig trelldom, og den **åndelige krigeren** som tør å slå tilbake –

dette er deres kall til å reise dere.

Og til de modige som delte historiene sine – takk. Arrene deres frigjør nå andre.

Måtte denne andakten lyse opp en vei gjennom skyggene og lede mange til herredømme, helbredelse og hellig ild.

Du er ikke glemt. Du er ikke maktesløs. Du ble født for frihet.

— *Zacharias Godseagle, ambassadør mandag O. Ogbe & Comfort Ladi Ogbe*

Takksigelser

Først og fremst anerkjenner vi **Gud den allmektige – Fader, Sønn og Hellig Ånd**, lysets og sannhetens opphavsmann, som åpnet våre øyne for de usynlige kampene bak lukkede dører, slør, prekestoler og plattformer. Til Jesus Kristus, vår befrier og konge, gir vi all ære.

Til de modige mennene og kvinnene rundt om i verden som delte sine historier om pine, triumf og forvandling – deres mot har tent en global bølge av frihet. Takk for at dere bryter stillheten.

Til tjenestene og vekterne på muren som har arbeidet i skjulte steder – undervist, forbønn, utfridd og skjelnet – vi ærer deres utholdenhet. Deres lydighet fortsetter å rive ned festninger og avsløre bedrag i høye steder.

Til våre familier, bønnepartnere og støtteteam som sto sammen med oss mens vi gravde gjennom åndelig ruiner for å avdekke sannheten – takk for deres urokkelige tro og tålmodighet.

Til forskere, YouTube-vitnesbyrd, varslere og krigere fra kongeriket som avslører mørket gjennom plattformene sine – deres frimodighet har gitt dette arbeidet innsikt, åpenbaring og viktighet.

Til **Kristi legeme**: denne boken er også din. Måtte den vekke i deg en hellig beslutning om å være årvåken, kritisk og fryktløs. Vi skriver ikke som eksperter, men som vitner. Vi står ikke som dommere, men som de forløste.

Og til slutt, til **leserne av denne andakten** – søkende, krigere, pastorer, befrielsesministre, overlevende og sannhetselskende fra alle nasjoner – måtte hver side gi dere kraft til å bevege dere **Fra mørke til herredømme**.

— **Zacharias Godseagle**
— **Ambassadør mandag O. Ogbe**
— **Comfort Ladi Ogbe**

Til leseren

Dette er ikke bare en bok. Det er en oppfordring.
En oppfordring til å avdekke det som lenge har vært skjult – til å konfrontere de usynlige kreftene som former generasjoner, systemer og sjeler. Enten du er en **ung søker**, en **pastor sliten av kamper du ikke kan navngi**, en **bedriftsleder som kjemper mot natteskrekk**, eller et **statsoverhode som står overfor et uopphørlig nasjonalt mørke**, er denne andakten din **guide ut av skyggene**.

Til **individet**: Du er ikke gal. Det du sanser – i drømmene dine, atmosfæren din, blodslinjen din – kan faktisk være åndelig. Gud er ikke bare en helbreder; Han er en befrier.

Til **familien**: Denne 40-dagers reisen vil hjelpe deg med å identifisere mønstre som lenge har plaget blodslinjen din – avhengighet, for tidlige dødsfall, skilsmisser, ufruktbarhet, mental plage, plutselig fattigdom – og gi deg verktøyene til å bryte dem.

Til **kirkeledere og pastorer**: Måtte dette vekke en dypere dømmekraft og mot til å konfrontere åndeverdenen fra prekestolen, ikke bare fra talerstolen. Befrielse er ikke valgfritt. Det er en del av misjonsbefalingen.

Til **administrerende direktører, gründere og fagfolk**: Åndelige pakter opererer også i styrerom. Vig virksomheten din til Gud. Riv ned forfedrenes altre forkledd som forretningslykke, blodpakter eller frimurernes gunst. Bygg med rene hender.

Til **vekterne og forbederne**: Deres årvåkenhet har ikke vært forgjeves. Denne ressursen er et våpen i deres hender – for deres by, deres region, deres nasjon.

Til **presidenter og statsministre**, hvis dette noen gang når deres skrivebord: Nasjoner styres ikke bare av politikk. De styres av altere – reist i hemmelighet eller offentlig. Inntil de skjulte fundamentene blir tatt tak i, vil freden forbli unnvikende. Måtte denne andakten bevege dere mot en generasjonsreformasjon.

Til den **unge mannen eller kvinnen** som leser dette i et desperat øyeblikk: Gud ser deg. Han valgte deg. Og han trekker deg ut – for godt.

Dette er din reise. Én dag av gangen. Én kjede av gangen.

Fra mørke til herredømme – det er din tid.

Slik bruker du denne boken

FRA MØRKET TIL HERREGÅRD: 40 dager for å bryte fri fra mørkets skjulte grep er mer enn en andakt – det er en befrielsesmanual, en åndelig avgiftning og en krigføringsleir. Enten du leser alene, med en gruppe, i en kirke eller som en leder som veileder andre, kan du få mest mulig ut av denne kraftfulle 40-dagers reisen:

Daglig rytme

Hver dag følger en konsistent struktur som hjelper deg med å engasjere ånd, sjel og kropp:

- **Hovedandakt** – Et åpenbaringstema som avslører skjult mørke.
- **Global kontekst** – Hvordan denne festningen manifesterer seg rundt om i verden.
- **Historier fra virkeligheten** – Ekte befrielsesmøter fra forskjellige kulturer.
- **Handlingsplan** – Personlige åndelige øvelser, forsakelse eller erklæringer.
- **Gruppesøknad** – For bruk i små grupper, familier, kirker eller befrielsesteam.
- **Viktig innsikt** – En destillert takeaway å huske og be ut ifra.
- **Refleksjonsjournal** – Hjertespørsmål for å bearbeide hver sannhet dypt.
- **Befrielsesbønn** – Målrettet åndelig krigføringsbønn for å bryte festninger.

Det du trenger

- **Bibelen** din

- En **dedikert journal eller notatbok**
- **Salvingsolje** (valgfritt, men kraftig under bønner)
- Villighet til å **faste og be** slik Ånden leder
- **Ansvarlighetspartner eller bønneteam** for dypere saker

Hvordan bruke med grupper eller kirker

- Møtes **daglig eller ukentlig** for å diskutere innsikter og lede bønner sammen.
- Oppfordre medlemmene til å fullføre **refleksjonsdagboken** før gruppemøtene.
- Bruk **gruppesøknadsdelen** til å starte diskusjon, bekjennelser eller felles befrielsesøyeblikk.
- Utpek trente ledere til å håndtere mer intense manifestasjoner.

For pastorer, ledere og befrielsesministre

- Undervis de daglige temaene fra prekestolen eller på befrielsesskoler.
- Utstyr teamet ditt til å bruke denne andakten som en veiledning i rådgivning.
- Tilpass seksjoner etter behov for åndelig kartlegging, vekkelsesmøter eller bønnekampanjer i byen.

Vedlegg å utforske

På slutten av boken finner du kraftige bonusressurser, inkludert:

1. **Daglig erklæring om total befrielse** – Si dette høyt hver morgen og kveld.
2. **Guide til medieforsakelse** – Avgift livet ditt fra åndelig forurensning i underholdning.
3. **Bønn om å skjelne skjulte altere i kirker** – For forbedere og kirkearbeidere.
4. **Frimureri, kabbala, kundalini og okkult forsakelsesskrift** – Kraftige omvendelsebønner.
5. **Sjekkliste for masseutfrielse** – Brukes i korstog, husfellesskap eller

personlige retreater.
6. **Lenker til vitnesbyrdsvideoer**

Forord

Det er en krig – usett, uuttalt, men voldsomt virkelig – som raser over sjelene til menn, kvinner, barn, familier, lokalsamfunn og nasjoner.

Denne boken ble ikke født fra teori, men fra ild. Fra gråtende befrielsesrom. Fra vitnesbyrd hvisket i skygger og ropt fra hustak. Fra dyp studium, global forbønn og en hellig frustrasjon over overfladisk kristendom som ikke klarer å håndtere **røttene til mørket** som fortsatt vikles inn i de troende.

Altfor mange mennesker har kommet til korset, men drar fortsatt i lenker. Altfor mange pastorer forkynner frihet mens de i hemmelighet plages av demoner av begjær, frykt eller forfedres pakter. Altfor mange familier er fanget i sykluser – av fattigdom, perversjon, avhengighet, ufruktbarhet, skam – og **vet ikke hvorfor**. Og altfor mange kirker unngår å snakke om demoner, hekseri, blodaltre eller befrielse fordi det er «for intenst».

Men Jesus unngikk ikke mørket – han **konfronterte det**.

Han ignorerte ikke demoner – han **drev dem ut**.

Og han døde ikke bare for å tilgi deg – han døde for å **befri deg**.

Denne 40-dagers globale andakten er ikke et tilfeldig bibelstudium. Det er et **åndelig operasjonsrom**. En frihetens dagbok. Et kart ut av helvete for de som føler seg fanget mellom frelse og sann frihet. Enten du er en tenåring bundet av pornografi, en førstedame plaget av drømmer om slanger, en statsminister plaget av forfedres skyld, en profet som skjuler hemmelig fangenskap, eller et barn som våkner fra demoniske drømmer – denne reisen er for deg.

Du vil finne historier fra hele verden – Afrika, Asia, Europa, Nord- og Sør-Amerika – som alle bekrefter én sannhet: **djevelen gjør ikke forskjell på folk**. Men det er heller ikke Gud. Og det han har gjort for andre, kan han gjøre for deg.

Denne boken er skrevet for:

- **Personer** som søker personlig befrielse
- **Familier** som trenger generasjonshelbredelse
- **Pastorer** og menighetsarbeidere trenger utstyr
- **Bedriftsledere** navigerer åndelig krigføring i høye stillinger
- **Nasjoner** roper etter ekte vekkelse
- **Ungdom** som ubevisst har åpnet dører
- **Befrielsesministre** som trenger struktur og strategi
- Og selv **de som ikke tror på demoner** – helt til de leser sin egen historie på disse sidene

Du vil bli strukket. Du vil bli utfordret. Men hvis du holder deg på veien, vil du også bli **forvandlet**.

Du kommer ikke bare til å rive deg løs.

Du kommer til å **vandre i herredømme**.

La oss begynne.

— *Zacharias Godseagle, ambassadør Monday O. Ogbe og Comfort Ladi Ogbe*

Forord

Det er en bevegelse i nasjonene. En rystelse i åndeverdenen. Fra prekestoler til parlamenter, stuer til undergrunnskirker, våkner folk overalt til en uhyggelig sannhet: Vi har undervurdert fiendens rekkevidde – og vi har misforstått autoriteten vi bærer i Kristus.

«Fra mørke til herredømme» er ikke bare en andakt; det er et klarsignal. En profetisk manual. En livline for de plagede, de bundet og den oppriktige troende som lurer: «Hvorfor er jeg fortsatt i lenker?»

Som en som har vært vitne til vekkelse og befrielse på tvers av nasjoner, vet jeg av førstehånds erfaring at kirken ikke mangler kunnskap – vi mangler åndelig **bevissthet**, **frimodighet** og **disiplin**. Dette arbeidet bygger bro over dette gapet. Det vever sammen globale vitnesbyrd, knallhard sannhet, praktisk handling og korsets kraft til en 40-dagers reise som vil riste støvet av sovende liv og tenne ild i de trette.

Til pastoren som våger å konfrontere altere, til den unge voksne som i stillhet kjemper mot demoniske drømmer, til bedriftseieren som er viklet inn i usynlige pakter, og til lederen som vet at noe er *åndelig galt*, men ikke kan sette et navn på det – denne boken er for deg.

Jeg ber deg innstendig om ikke å lese den passivt. La hver side provosere din ånd. La hver historie føde krigføring. La hver erklæring trene munnen din til å tale med ild. Og når du har gått gjennom disse 40 dagene, ikke bare feir din frihet – bli et redskap for andres frihet.

Fordi ekte herredømme ikke bare er å unnslippe mørket ...

Det er å snu seg rundt og dra andre inn i lyset.

I Kristi autoritet og kraft,
Ambassadør Ogbe

Introduksjon

FRA MØRKET TIL HERREMELDING: 40 dager for å bryte fri fra mørkets skjulte grep** er ikke bare nok en andakt – det er en global vekker.

Over hele verden – fra landsbyer til presidentpalasser, kirkealtre til styrerom – roper menn og kvinner etter frihet. Ikke bare frelse. **Befrielse. Klarhet. Gjennombrudd. Helhet. Fred. Makt.**

Men her er sannheten: Du kan ikke forkaste det du tolererer. Du kan ikke frigjøre deg fra det du ikke kan se. Denne boken er ditt lys i det mørket.

I 40 dager vil du gå gjennom læresetninger, historier, vitnesbyrd og strategiske handlinger som avslører mørkets skjulte virkemåter og gir deg kraft til å overvinne – ånd, sjel og kropp.

Enten du er pastor, administrerende direktør, misjonær, forbeder, tenåring, mor eller statsoverhode, vil innholdet i denne boken konfrontere deg. Ikke for å gjøre deg skamfull – men for å frigjøre deg og forberede deg til å lede andre inn i frihet.

Dette er en **global andakt om bevissthet, befrielse og kraft** – forankret i Skriften, skjerpet av beretninger fra virkeligheten og gjennomvåt av Jesu blod.

Slik bruker du denne andakten

1. **Start med de 5 grunnleggende kapitlene.**
   Disse kapitlene legger grunnlaget. Ikke hopp over dem. De vil hjelpe deg å forstå mørkets åndelige arkitektur og autoriteten du har fått til å heve deg over den.
2. **Gå bevisst gjennom hver dag.**
   Hver daglige oppføring inneholder et fokustema, globale manifestasjoner, en virkelig historie, skriftsteder, en handlingsplan, ideer til gruppeanvendelse, viktig innsikt, dagbokoppgaver og en sterk bønn.
3. **Avslutt hver dag Med den daglige 360°-erklæringen**

som du finner på slutten av denne boken, er denne kraftfulle erklæringen utformet for å forsterke din frihet og beskytte dine åndelige porter.
4. **Bruk det alene eller i grupper**
Enten du går gjennom dette individuelt eller i en gruppe, hjemmefellesskap, forbønnsteam eller befrielsestjeneste – la Den hellige ånd lede tempoet og personliggjøre kampplanen.
5. **Forvent motstand – og gjennombruddsmotstand**
vil komme. Men det vil også friheten. Befrielse er en prosess, og Jesus er forpliktet til å gå den sammen med deg.

GRUNNLEGGENDE KAPITLER (Les før dag 1)
1. Opprinnelsen til det mørke riket
Fra Lucifers opprør til fremveksten av demoniske hierarkier og territoriale ånder, sporer dette kapittelet mørkets bibelske og åndelige historie. Å forstå hvor det startet hjelper deg å gjenkjenne hvordan det fungerer.

2. Hvordan det mørke riket fungerer i dag
Fra pakter og blodofre til altere, sjøånder og teknologisk infiltrasjon, avdekker dette kapittelet de moderne ansiktene til oldtidens ånder – inkludert hvordan media, trender og til og med religion kan tjene som kamuflasje.

3. Inngangspunkter: Hvordan folk blir hekta
Ingen blir født inn i trelldom ved en tilfeldighet. Dette kapittelet undersøker døråpninger som traumer, forfedrenes altre, avsløring av hekseri, sjelebånd, okkult nysgjerrighet, frimureri, falsk spiritualitet og kulturelle praksiser.

4. Manifestasjoner: Fra besettelse til besettelse
Hvordan ser trelldom ut? Fra mareritt til forsinkelser i ekteskapet, infertilitet, avhengighet, raseri og til og med «hellig latter», avslører dette kapittelet hvordan demoner forkler seg som problemer, gaver eller personligheter.

5. Ordets kraft: De troendes autoritet
Før vi begynner den 40 dager lange krigen, må du forstå dine juridiske rettigheter i Kristus. Dette kapittelet utruster deg med åndelige lover, krigføringsvåpen, bibelske protokoller og befrielsens språk.

EN SISTE OPPMUNTRING FØR DU BEGYNNER

Gud kaller deg ikke til å *håndtere* mørket.
Han kaller deg til å **herske over** det.
Ikke med makt, ikke med kraft, men ved sin Ånd.
La disse neste 40 dagene bli mer enn en andakt.
La det bli en begravelse for hvert alter som en gang kontrollerte deg ... og en kroning til den skjebnen Gud har forutbestemt for deg.
Din reise i herredømmet begynner nå.

KAPITTEL 1: DET MØRKE RIKETS OPPRINNELSE

« *For vår kamp er ikke mot kjøtt og blod, men mot makter og makter, mot verdensherrer i mørket, mot ondskapens åndeherrer i himmelrommet.»* – Efeserne 6:12

Lenge før menneskeheten entret tidens scene, brøt en usynlig krig ut i himmelen. Dette var ikke en krig med sverd eller kanoner, men et opprør – et høyforræderi mot Den Høyeste Guds hellighet og autoritet. Bibelen avslører dette mysteriet gjennom forskjellige passasjer som hinter til fallet til en av Guds vakreste engler – **Lucifer**, den skinnende – som våget å opphøye seg over Guds trone (Jesaja 14:12–15, Esekiel 28:12–17).

Dette kosmiske opprøret fødte Det **mørke kongeriket** – et rike av åndelig motstand og bedrag, bestående av falne engler (nå demoner), fyrstedømmer og makter alliert mot Guds vilje og Guds folk.

Fallet og mørkets dannelse

LUCIFER VAR IKKE ALLTID ond. Han ble skapt perfekt i visdom og skjønnhet. Men stolthet kom inn i hjertet hans, og stolthet ble til opprør. Han forførte en tredjedel av himmelens engler til å følge ham (Åpenbaringen 12:4), og de ble kastet ut av himmelen. Hatet deres mot menneskeheten er forankret i sjalusi – fordi menneskeheten ble skapt i Guds bilde og gitt herredømme.

Slik begynte krigen mellom **Lysets rike** og **Mørkets rike** – en usynlig konflikt som berører hver sjel, hvert hjem og hver nasjon.

Det mørke rikets globale uttrykk

SELV OM DET ER USYNLIG, er innflytelsen fra dette mørke riket dypt forankret i:

- **Kulturelle tradisjoner** (forfedredyrkelse, blodofringer, hemmelige selskaper)
- **Underholdning** (subliminale meldinger, okkult musikk og show)
- **Styresett** (korrupsjon, blodpakter, eder)
- **Teknologi** (verktøy for avhengighet, kontroll, tankemanipulasjon)
- **Utdanning** (humanisme, relativisme, falsk opplysning)

Fra afrikansk juju til vestlig new age-mystisisme, fra djinn-dyrkelse i Midtøsten til søramerikansk sjamanisme, formene er forskjellige, men **ånden er den samme** – bedrag, dominans og ødeleggelse.

Hvorfor denne boken er viktig nå

SATANS STØRSTE TRIKS er å få folk til å tro at han ikke eksisterer – eller enda verre, at hans veier er harmløse.

Denne andakten er en **manual i åndelig intelligens** – den løfter sløret, avslører hans planer og gir troende på tvers av kontinenter mulighet til å:

- **Gjenkjenne** inngangspunkter
- **Gi avkall på** skjulte pakter
- **Motstå** med autoritet
- **Gjenopprette** det som ble stjålet

Du ble født inn i en kamp

DETTE ER IKKE EN ANDAKT for sarte sjeler. Du ble født på en slagmark, ikke en lekeplass. Men den gode nyheten er: **Jesus har allerede vunnet krigen!**

«Han avvæpnet makthaverne og myndighetene og lot dem åpenlyst bli til skamme, idet han seiret over dem i ham.» – Kolosserne 2:15

Du er ikke et offer. Du er mer enn en seierherre gjennom Kristus. La oss avsløre mørket – og vandre frimodig inn i lyset.

Viktig innsikt

Opprinnelsen til mørket er stolthet, opprør og avvisning av Guds styre. Disse samme frøene opererer fortsatt i hjertene til mennesker og systemer i dag. For å forstå åndelig krigføring må vi først forstå hvordan opprøret begynte.

Refleksjonsjournal

- Har jeg avfeit åndelig krigføring som overtro?
- Hvilke kulturelle eller familievaner har jeg normalisert som kan være knyttet til oldtidens opprør?
- Forstår jeg virkelig krigen jeg ble født inn i?

Bønn om belysning

Himmelske Far, åpenbar for meg de skjulte røttene til opprør rundt og i meg. Avslør mørkets løgner jeg kanskje har omfavnet uvitende. La din sannhet skinne inn i hvert skyggefullt sted. Jeg velger lysets rike. Jeg velger å vandre i sannhet, kraft og frihet. I Jesu navn. Amen.

KAPITTEL 2: HVORDAN DET MØRKE RIKET FUNGERER I DAG

> *For at ikke Satan skal få overtaket på oss. For vi er ikke uvitende om hans listige planer.»* – 2. Korinterbrev 2:11

Mørkets rike opererer ikke tilfeldig. Det er en velorganisert, dypt lagdelt åndelig infrastruktur som speiler militær strategi. Målet er å infiltrere, manipulere, kontrollere og til slutt ødelegge. Akkurat som Guds rike har rang og orden (apostler, profeter osv.), har også mørkets rike det – med fyrstedømmer, makter, mørkets herskere og ondskapens åndelige makter i himmelen (Efeserne 6:12).

Det mørke riket er ikke en myte. Det er ikke folketro eller religiøs overtro. Det er et usynlig, men reelt nettverk av åndelige agenter som manipulerer systemer, mennesker og til og med kirker for å oppfylle Satans agenda. Mens mange forestiller seg høygafler og røde horn, er den virkelige driften av dette riket langt mer subtil, systematisk og uhyggelig.

1. Bedrag er deres valuta

Fienden driver med løgner. Fra Edens hage (1. Mosebok 3) til dagens filosofier har Satans taktikk alltid dreid seg om å så tvil i Guds ord. I dag fremstår bedrag i form av:

- *New Age-lære forkledd som opplysning*
- *Okkulte praksiser maskert som kulturell stolthet*
- *Hekseri glamorisert i musikk, filmer, tegnefilmer og trender på sosiale medier*

Folk deltar ubevisst i ritualer eller konsumerer medier som åpner åndelige dører uten dømmekraft.

2. Ondskapens hierarkiske struktur

Akkurat som Guds rike har orden, opererer det mørke riket under et definert hierarki:

- **Fyrstendømmer** – Territoriale ånder som påvirker nasjoner og regjeringer
- **Makter** – Agenter som håndhever ondskap gjennom demoniske systemer
- **Mørkets herskere** – Koordinatorer for åndelig blindhet, avgudsdyrkelse og falsk religion
- **Åndelig ondskap i høye steder** – Elite-enheter som påvirker global kultur, rikdom og teknologi

Hver demon spesialiserer seg på visse oppgaver – frykt, avhengighet, seksuell perversjon, forvirring, stolthet, splittelse.

3. Verktøy for kulturell kontroll

Djevelen trenger ikke lenger å dukke opp fysisk. Kulturen gjør nå det tunge arbeidet. Strategiene hans i dag inkluderer:

- **Subliminal meldingsgivning:** Musikk, show, reklame full av skjulte symboler og reverserte meldinger
- **Desensibilisering:** Gjentatt eksponering for synd (vold, nakenhet, banning) inntil det blir «normalt»
- **Tankekontrollteknikker:** Gjennom mediehypnose, emosjonell manipulasjon og avhengighetsskapende algoritmer

Dette er ikke tilfeldig. Dette er strategier som er utformet for å svekke moralske overbevisninger, ødelegge familier og omdefinere sannheten.

4. Generasjonsavtaler og blodslinjer

Gjennom drømmer, ritualer, innvielser eller forfedrepakter er mange mennesker ubevisst knyttet til mørket. Satan utnytter dette:

- Familiealtre og forfedres avguder
- Navngivningsseremonier som påkaller ånder
- Hemmelige familiesynder eller forbannelser som er gått i arv

Disse åpner for juridisk grunnlag for lidelse inntil pakten brytes av Jesu blod.

5. Falske mirakler, falske profeter

Det mørke riket elsker religion – spesielt hvis den mangler sannhet og kraft. Falske profeter, forførende ånder og falske mirakler bedrar massene:

«For Satan selv forvandler seg til en lysets engel.» – 2. Korinterbrev 11:14

Mange i dag følger stemmer som kiler ørene deres, men binder sjelen deres.

Viktig innsikt

Djevelen er ikke alltid høylytt – noen ganger hvisker han gjennom kompromisser. Det mørke kongerikets beste taktikk er å overbevise folk om at de er frie, mens de selv er subtilt slavebundet.

Refleksjonsjournal:

- Hvor har du sett disse operasjonene i ditt lokalsamfunn eller nasjon?
- Finnes det programmer, musikk, apper eller ritualer du har normalisert som faktisk kan være verktøy for manipulasjon?

Bønn om bevissthet og omvendelse:

Herre Jesus, åpne øynene mine så jeg kan se fiendens handlinger. Avslør hver løgn jeg har trodd på. Tilgi meg for hver dør jeg har åpnet, bevisst eller ubevisst. Jeg bryter enighet med mørket og velger din sannhet, din kraft og din frihet. I Jesu navn. Amen.

KAPITTEL 3: INNGANGSPUNKTER – HVORDAN FOLK BLI HEKTA

Gi ikke djevelen fotfeste.» – Efeserne 4:27

« I enhver kultur, generasjon og hjem finnes det skjulte åpninger – porter som åndelig mørke kommer inn gjennom. Disse inngangsportene kan virke harmløse i starten: en lek fra barndommen, et familieritual, en bok, en film, et uløst traume. Men når de først er åpnet, blir de et lovlig grunnlag for demonisk innflytelse.

Vanlige inngangspunkter

1. **Blodslinjepakter** – Forfedres eder, ritualer og avgudsdyrkelse som gir tilgang til onde ånder.
2. **Tidlig eksponering for okkultisme** – Som i historien om *Lourdes Valdivia* fra Bolivia, blir barn som er utsatt for hekseri, spiritualisme eller okkulte ritualer ofte åndelig svekket.
3. **Media og musikk** – Sanger og filmer som glorifiserer mørke, sensualitet eller opprør kan subtilt invitere til åndelig innflytelse.
4. **Traumer og overgrep** – Seksuelt misbruk, voldelig traume eller avvisning kan åpne sjelen for undertrykkende ånder.
5. **Seksuell synd og sjelsbånd** – Ulovlige seksuelle forbindelser skaper ofte åndelige bånd og overføring av ånder.
6. **New Age og falsk religion** – Krystaller, yoga, åndeguider, horoskoper og «hvit hekseri» er tilslørte invitasjoner.
7. **Bitterhet og utilgivelse** – Disse gir demoniske ånder en juridisk rett til å pine (se Matteus 18:34).

Høydepunkt fra et globalt vitnesbyrd: *Lourdes Valdivia (Bolivia)*

Bare 7 år gammel ble Lourdes introdusert for hekseri av moren sin, en mangeårig okkultist. Huset hennes var fylt med symboler, bein fra kirkegårder og magiske bøker. Hun opplevde astralprojeksjon, stemmer og pine før hun endelig fant Jesus og ble satt fri. Historien hennes er en av mange – den beviser hvordan tidlig eksponering og generasjonspåvirkning åpner dører for åndelig trelldom.

Referanse for større utnyttelser:

Historier om hvordan folk ubevisst åpnet dører gjennom «ufarlige» aktiviteter – bare for å bli fanget i mørket – finnes i *Greater Exploits 14* og *Delivered from the Power of Darkness*. (Se tillegget)

Viktig innsikt

Fienden stormer sjelden inn. Han venter på at en dør skal bli åpnet. Det som føles uskyldig, arvet eller underholdende kan noen ganger være akkurat den porten fienden trenger.

Refleksjonsjournal

- Hvilke øyeblikk i livet mitt kan ha tjent som åndelige inngangsporter?
- Finnes det «ufarlige» tradisjoner eller gjenstander jeg må gi slipp på?
- Trenger jeg å gi avkall på noe fra fortiden eller familien min?

Bønn om forsakelse

Far, jeg lukker hver dør jeg eller mine forfedre måtte ha åpnet for mørket. Jeg gir avkall på alle avtaler, sjelebånd og eksponering for noe uhellig. Jeg bryter hver lenke ved Jesu blod. Jeg erklærer at min kropp, sjel og ånd tilhører Kristus alene. I Jesu navn. Amen.

KAPITTEL 4: MANIFESTASJONER – FRA BESETTELSE TIL BESETNING

«*Når en uren ånd farer ut av et menneske, farer den gjennom tørre steder og søker hvile, men finner det ikke. Så sier den: 'Jeg vil vende tilbake til det huset jeg forlot.'*» – Matteus 12:43

Når en person kommer under påvirkning av det mørke riket, varierer manifestasjonene basert på nivået av demonisk tilgang som gis. Den åndelige fienden nøyer seg ikke med besøk – hans endelige mål er bolig og dominans.

Manifestasjonsnivåer

1. **Innflytelse** – Fienden får innflytelse gjennom tanker, følelser og beslutninger.
2. **Undertrykkelse** – Det er ytre press, tyngde, forvirring og pine.
3. **Besettelse** – Personen blir fiksert på mørke tanker eller tvangsmessig atferd.
4. **Besettelse** – I sjeldne, men reelle tilfeller tar demoner bolig og overstyrer en persons vilje, stemme eller kropp.

Graden av manifestasjon er ofte knyttet til dybden av åndelig kompromiss.

Globale casestudier av manifestasjon

- **Afrika:** Tilfeller av åndelig ektemann/kone, galskap, rituell trelldom.
- **Europa:** New age-hypnose, astralprojeksjon og sinnsfragmentering.
- **Asia:** Sjelebånd mellom forfedrene, reinkarnasjonsfeller og blodslinjeløfter.
- **Sør-Amerika:** Sjamanisme, åndeguider, avhengighet av psykisk lesing.
- **Nord-Amerika:** Hekseri i media, «ufarlige» horoskoper,

substansportaler.
- **Midtøsten:** Møter med djinner, blodseder og profetiske forfalskninger.

Hvert kontinent presenterer sin unike forkledning av det samme demoniske systemet – og troende må lære å gjenkjenne tegnene.

Vanlige symptomer på demonisk aktivitet

- Gjentatte mareritt eller søvnparalyse
- Stemmer eller mental plage
- Tvangssynd og gjentatt frafall
- Uforklarlige sykdommer, frykt eller raseri
- Overnaturlig styrke eller kunnskap
- Plutselig aversjon mot åndelige ting

Viktig innsikt

Det vi kaller «mentale», «emosjonelle» eller «medisinske» problemer kan noen ganger være åndelige. Ikke alltid – men ofte nok til at dømmekraft er avgjørende.

Refleksjonsjournal

- Har jeg lagt merke til gjentatte kamper som virker åndelige av natur?
- Finnes det generasjonsmønstre av ødeleggelse i familien min?
- Hva slags medier, musikk eller forhold tillater jeg inn i livet mitt?

Bønn om forsakelse

Herre Jesus, jeg forsier meg med enhver skjult avtale, åpen dør og ugudelig pakt i mitt liv. Jeg bryter bånd med alt som ikke er av deg – bevisst eller ubevisst. Jeg inviterer Den hellige ånds ild til å fortære ethvert spor av mørke i mitt liv. Sett meg fullstendig fri. I ditt mektige navn. Amen.

KAPITTEL 5: ORDETS MAKT – DE TROENDES AUTORITET

« *Se, jeg gir dere makt til å trå på slanger og skorpioner og over all fiendens velde, og ingenting skal på noen måte skade dere.*» – Lukas 10:19 (KJV)

Mange troende lever i frykt for mørket fordi de ikke forstår lyset de bærer. Likevel åpenbarer Skriften at **Guds ord ikke bare er et sverd (Efeserne 6:17)** – det er ild (Jeremia 23:29), en hammer, et frø og selve livet. I kampen mellom lys og mørke er de som kjenner og forkynner Ordet aldri ofre.

Hva er denne kraften?

Makten troende bærer er **delegert autoritet**. Som en politibetjent med et navneskilt står vi ikke på egen styrke, men i **Jesu navn** og gjennom Guds ord. Da Jesus beseiret Satan i ødemarken, ropte, gråt eller fikk han ikke panikk – han sa ganske enkelt: «*Det står skrevet.*»

Dette er mønsteret for all åndelig krigføring.

Hvorfor mange kristne fortsatt er beseiret

1. **Uvitenhet** – De vet ikke hva Ordet sier om deres identitet.
2. **Taushet** – De forkynner ikke Guds ord over situasjoner.
3. **Inkonsekvens** – De lever i syndige sykluser, noe som undergraver tillit og tilgang.

Seier handler ikke om å rope høyere; det handler om **å tro dypere** og **erklære frimodig**.

Autoritet i aksjon – Globale historier

- **Nigeria:** En ung gutt fanget i kult ble befridd da moren hans konsekvent salvet rommet hans og fremsa Salme 91 hver kveld.
- **USA:** En tidligere wiccaner sluttet med hekseri etter at en kollega i

stillhet forkynte hellige skrifter på arbeidsplassen hennes daglig i flere måneder.
- **India:** En troende erklærte Jesaja 54:17 mens han ble møtt med konstante angrep fra svart magi – angrepene stoppet, og angriperen tilsto.
- **Brasil:** En kvinne brukte daglige erklæringer fra Romerne 8 over sine selvmordstanker og begynte å vandre i overnaturlig fred.

Ordet er levende. Det trenger ikke vår fullkommenhet, bare vår tro og bekjennelse.

Hvordan bruke ordet i krigføring

1. **Lær skriftsteder** knyttet til identitet, seier og beskyttelse utenat.
2. **Tal Ordet høyt**, spesielt under åndelige angrep.
3. **Bruk det i bønn**, og erklær Guds løfter over situasjoner.
4. **Fast + Be** med Ordet som anker (Matteus 17:21).

Grunnleggende skrifter for krigføring

- *2. Korinterbrev 10:3–5* – Nedbryting av festninger
- *Jesaja 54:17* – Intet våpen som smides skal ha fremgang
- *Lukas 10:19* – Makt over fienden
- *Salme 91* – Guddommelig beskyttelse
- *Åpenbaringen 12:11* – Overvunnet av blodet og vitnesbyrdet

Viktig innsikt

Guds ord i din munn er like kraftfullt som Ordet i Guds munn – når det blir talt i tro.

Refleksjonsjournal

- Kjenner jeg mine åndelige rettigheter som troende?
- Hvilke skriftsteder står jeg aktivt på i dag?
- Har jeg latt frykt eller uvitenhet bringe min autoritet til taushet?

Bønn om styrke

Far, åpne øynene mine for den autoriteten jeg har i Kristus. Lær meg å bruke ditt ord med frimodighet og tro. Der jeg har latt frykt eller uvitenhet råde, la åpenbaring komme. Jeg står i dag som et Guds barn, bevæpnet med Åndens sverd. Jeg vil tale Ordet. Jeg vil stå i seier. Jeg vil ikke frykte fienden – for større er han som er i meg. I Jesu navn. Amen.

DAG 1: BLODSLINJER OG PORTER — Å BRYTE FAMILIELENKER

> *Våre fedre har syndet og er ikke mer, og vi bærer deres straff.»* –
> Klagesangene 5:7

Du kan bli frelst, men blodslinjen din har fortsatt en historie – og inntil de gamle paktene brytes, fortsetter de å tale.

På alle kontinenter finnes det skjulte altere, forfedrepakter, hemmelige løfter og nedarvede misgjerninger som forblir aktive inntil de blir spesifikt tatt opp. Det som startet med oldeforeldre kan fortsatt kreve skjebnen til dagens barn.

Globale uttrykk

- **Afrika** – Familieguder, orakler, generasjonshekseri, blodofringer.
- **Asia** – Forfedredyrkelse, reinkarnasjonsbånd, karmakjeder.
- **Latin-Amerika** – Santeria, dødsaltere, sjamanistiske blodeder.
- **Europa** – frimureriet, hedenske røtter, blodslinjepakter.
- **Nord-Amerika** – New age-arv, frimureravstamning, okkulte gjenstander.

Forbannelsen fortsetter helt til noen reiser seg og sier: «Ikke mer!»

Et dypere vitnesbyrd – Helbredelse fra røttene

En kvinne fra Vest-Afrika innså, etter å ha lest «*Greater Exploits 14*» , at hennes kroniske spontanaborter og uforklarlige pine var knyttet til bestefarens stilling som helligdomsprest. Hun hadde tatt imot Kristus for mange år siden, men aldri håndtert familiepaktene.

Etter tre dager med bønn og faste ble hun ledet til å ødelegge visse arvestykker og gi avkall på pakter ved å bruke Galaterne 3:13. Samme måned ble hun gravid og fødte et barn som ble født til full termin. I dag leder hun andre i helbredelses- og befrielsestjeneste.

En annen mann i Latin-Amerika, fra boken *Delivered from the Power of Darkness*, fant frihet etter å ha gitt avkall på en frimurerforbannelse som i hemmelighet var blitt gitt videre fra oldefaren hans. Da han begynte å anvende skriftsteder som Jesaja 49:24-26 og delta i befrielsesbønner, stoppet hans mentale plage, og freden ble gjenopprettet i hjemmet hans.

Disse historiene er ikke tilfeldigheter – de er vitnesbyrd om sannhet i praksis.

Handlingsplan – Familieopptelling

1. Skriv ned alle kjente familietro, skikker og tilknytninger – religiøse, mystiske eller hemmelige selskaper.
2. Be Gud om åpenbaring av skjulte altere og pakter.
3. Ødelegg og kast under bønn enhver gjenstand knyttet til avgudsdyrkelse eller okkulte praksiser.
4. Fort som du får, og bruk skriftstedene nedenfor for å bryte juridisk grunn:
    - *3. Mosebok 26:40–42*
    - *Jesaja 49:24–26*
    - *Galaterne 3:13*

GRUPPEDISKUSJON OG søknad

- Hvilke vanlige familiepraksiser blir ofte oversett som harmløse, men kan være åndelig farlige?
- La medlemmene dele anonymt (om nødvendig) drømmer, gjenstander eller tilbakevendende sykluser i blodslinjen sin.
- Gruppebønn om forsakelse – hver person kan si navnet på familien eller saken som det gis avkall på.

Verktøy for tjenesten: Ta med salvingsolje. Tilby nattverd. Led gruppen i en paktsbønn om erstatning – og dediker hver familielinje til Kristus.

Viktig innsikt
Å bli født på ny frelser din ånd. Å bryte familiepakter bevarer din skjebne.

Refleksjonsjournal

- Hva er det som er vanlig i familien min? Hva må stoppe hos meg?
- Er det gjenstander, navn eller tradisjoner i hjemmet mitt som må bort?
- Hvilke dører åpnet mine forfedre som jeg nå må lukke?

Bønn om frigjøring
Herre Jesus, jeg takker deg for ditt blod som taler bedre ting. I dag fornekter jeg ethvert skjult alter, familiepakt og arvet trelldom. Jeg bryter lenkene i min blodslinje og erklærer at jeg er en ny skapning. Mitt liv, min familie og min skjebne tilhører nå bare deg. I Jesu navn. Amen.

DAG 2: DRØMMEVANSJONER — NÅR NATTEN BLIR EN SLAGMARK

> *Mens menneskene sov, kom fienden hans og sådde ugress blant hveten og gikk sin vei.»* – Matteus 13:25

For mange skjer ikke den største åndelige krigen mens de er våkne – den skjer når de sover.

Drømmer er ikke bare tilfeldig hjerneaktivitet. De er åndelige portaler der advarsler, angrep, pakter og skjebner utveksles. Fienden bruker søvn som en stille slagmark for å så frykt, begjær, forvirring og forsinkelse – alt uten motstand fordi folk flest ikke er klar over krigen.

Globale uttrykk

- **Afrika** – Åndelige ektefeller, slanger, spising i drømmer, maskerader.
- **Asia** – Møter med forfedre, dødsdrømmer, karmisk pine.
- **Latin-Amerika** – Animalistiske demoner, skygger, søvnparalyse.
- **Nord-Amerika** – Astralprojeksjon, utenomjordiske drømmer, traumerepriser.
- **Europa** – gotiske manifestasjoner, sexdemoner (incubus/succubus), sjelsfragmenteringer.

Hvis Satan kan kontrollere drømmene dine, kan han påvirke skjebnen din.

Vitnesbyrd – Fra nattskrekk til fred

En ung kvinne fra Storbritannia sendte en e-post etter å ha lest *Ex-Satanist: The James Exchange* . Hun fortalte om hvordan hun i årevis hadde vært plaget av drømmer om å bli jaget, bitt av hunder eller ligge med fremmede menn – alltid etterfulgt av tilbakeslag i det virkelige liv. Forholdene hennes sviktet, jobbmulighetene forsvant, og hun var konstant utmattet.

Gjennom faste og studier av skriftsteder som Job 33:14–18 oppdaget hun at Gud ofte taler gjennom drømmer – men det gjør også fienden. Hun begynte å salve hodet med olje, avvise onde drømmer høyt når hun våknet, og føre drømmedagbok. Gradvis ble drømmene hennes klarere og fredeligere. I dag leder hun en støttegruppe for unge kvinner som lider av drømmeanfall.

En nigeriansk forretningsmann, etter å ha lyttet til et YouTube-vitnesbyrd, innså at drømmen hans om å få servert mat hver kveld var knyttet til hekseri. Hver gang han tok imot maten i drømmen, gikk ting galt i virksomheten hans. Han lærte å avvise maten umiddelbart i drømmen, be i tunger før han la seg, og ser nå guddommelige strategier og advarsler i stedet.

Handlingsplan – Styrk nattvaktene dine

1. **Før leggetid:** Les skriftstedene høyt. Tilbedelse. Salv hodet ditt med olje.
2. **Drømmedagbok:** Skriv ned alle drømmene når du våkner – gode eller dårlige. Be Den hellige ånd om tolkning.
3. **Avvis og gi avkall på:** Hvis drømmen involverer seksuell aktivitet, døde slektninger, spising eller bondage – gi avkall på den umiddelbart i bønn.
4. **Skriftkrigføring:**
    - *Salme 4:8* – Fredfull søvn
    - *Job 33:14–18* – Gud taler gjennom drømmer
    - *Matteus 13:25* – Fienden sår ugress
    - *Jesaja 54:17* – Ingen våpen ble smidd mot deg

Gruppesøknad

- Del nylige drømmer anonymt. La gruppen finne mønstre og betydninger.
- Lær medlemmene hvordan de kan avvise onde drømmer verbalt og besegle gode i bønn.
- Gruppeerklæring: «Vi forbyr demoniske transaksjoner i våre drømmer, i Jesu navn!»

Verktøy for departementet:

- Ta med papir og penner til drømmedagbok.
- Demonstrer hvordan man salver hjemmet og sengen sin.
- Tilby nattverd som et paktssegl for natten.

Viktig innsikt

Drømmer er enten inngangsporter til guddommelige møter eller demoniske fangster. Skjelneevne er nøkkelen.

Refleksjonsjournal

- Hva slags drømmer har jeg konsekvent opplevd?
- Tar jeg meg tid til å reflektere over drømmene mine?
- Har drømmene mine advart meg om noe jeg har ignorert?

Nattevaktens bønn

Far, jeg vier mine drømmer til Deg. La ingen ond makt projisere inn i søvnen min. Jeg avviser enhver demonisk pakt, seksuell besmittelse eller manipulasjon i drømmene mine. Jeg mottar guddommelig besøk, himmelsk instruksjon og englebeskyttelse mens jeg sover. La nettene mine bli fylt med fred, åpenbaring og kraft. I Jesu navn, amen.

DAG 3: ÅNDELIGE EKTEFELLE – VANHELLIGE FORBINDELSER SOM BINDER SKJEBNER

> *For din Skaper er din ektemann – Herren, den allmektige, er hans navn...»*
> – Jesaja 54:5

«De ofret sine sønner og sine døtre til djevler.» – Salme 106:37

Mens mange roper etter et gjennombrudd i ekteskapet, er det de ikke innser at de allerede er i et **åndelig ekteskap** – et de aldri samtykket til.

Dette er **pakter dannet gjennom drømmer, bluferd, blodritualer, pornografi, forfedres eder eller demonisk overføring**. Den åndelige ektefellen – incubus (mann) eller succubus (kvinne) – påtar seg en juridisk rett til personens kropp, intimitet og fremtid, noe som ofte blokkerer forhold, ødelegger hjem, forårsaker spontanaborter og gir næring til avhengighet.

Globale manifestasjoner

- **Afrika** – Marine ånder (Mami Wata), åndekoner/ektemenn fra vannriker.
- **Asia** – Himmelske ekteskap, karmiske sjelevennsforbannelser, reinkarnerte ektefeller.
- **Europa** – Heksekunstforeninger, demoniske elskere fra frimureriet eller druidiske røtter.
- **Latin-Amerika** – Santeria-ekteskap, kjærlighetsformler, paktbaserte «åndeekteskap».
- **Nord-Amerika** – Pornoinduserte spirituelle portaler, new age-sexånder, bortføringer av romvesener som manifestasjoner av møter med inkubus.

Ekte historier – kampen for ekteskapelig frihet

Tolu, Nigeria

Tolu var 32 år og singel. Hver gang hun forlovet seg, forsvant mannen plutselig. Hun drømte stadig om å gifte seg i forseggjorte seremonier. I *Greater Exploits 14* gjenkjente hun at saken hennes samsvarte med et vitnesbyrd som ble delt der. Hun gjennomgikk en tre dager lang faste og nattlige krigsbønner ved midnatt, kuttet sjelebånd og kastet ut den marine ånden som krevde henne. I dag er hun gift og veileder andre.

Lina, Filippinene

Lina følte ofte en «tilstedeværelse» over seg om natten. Hun trodde hun innbilte seg ting helt til blåmerker begynte å dukke opp på beina og lårene hennes uten noen forklaring. Pastoren hennes oppdaget en åndelig ektefelle. Hun tilsto at hun tidligere hadde hatt abort og var avhengig av pornografi, og gjennomgikk deretter en befrielse. Nå hjelper hun unge kvinner med å identifisere lignende mønstre i lokalsamfunnet sitt.

Handlingsplan – Bryte pakten

1. **Bekjenn** og omvend deg fra seksuelle synder, sjelebånd, okkult eksponering eller forfedres ritualer.
2. **Avvis** alle åndelige ekteskap i bønn – ved navn, hvis det blir åpenbart.
3. **Faste** i 3 dager (eller som ledet) med Jesaja 54 og Salme 18 som ankertekster.
4. **Ødelegg** fysiske symboler: ringer, klær eller gaver knyttet til tidligere elskere eller okkulte tilknytninger.
5. **Erklær høyt** :

Jeg er ikke gift med noen ånd. Jeg er inngått i en pakt med Jesus Kristus. Jeg avviser enhver demonisk forening i min kropp, sjel og ånd!

Skriftverktøy

- Jesaja 54:4–8 – Gud som din sanne ektemann
- Salme 18 – Å bryte dødens bånd
- 1. Korinterbrev 6:15–20 – Kroppen deres tilhører Herren
- Hosea 2:6–8 – Bryte ugudelige pakter

Gruppesøknad

- Spør gruppemedlemmene: Har du noen gang drømt om bryllup, sex med fremmede eller skyggefulle skikkelser om natten?
- Led en gruppe for å avstå fra åndelige ektefeller.
- Rollespill en «skilsmissedomstol i himmelen» – hver deltaker sender inn en åndelig skilsmissesak til Gud i bønn.
- Bruk salvingsolje på hodet, magen og føttene som symboler på renselse, reproduksjon og bevegelse.

Viktig innsikt
Demoniske ekteskap er virkelige. Men det finnes ingen åndelig forening som ikke kan brytes av Jesu blod.

Refleksjonsjournal

- Har jeg hatt tilbakevendende drømmer om ekteskap eller sex?
- Finnes det mønstre av avvisning, forsinkelse eller spontanabort i livet mitt?
- Er jeg villig til å overgi kroppen min, seksualiteten min og fremtiden min fullstendig til Gud?

Bønn om befrielse
Himmelske Far, jeg omvender meg fra enhver seksuell synd, kjent eller ukjent. Jeg avviser og gir avkall på enhver åndelig ektefelle, marin ånde eller okkult ekteskap som krever livet mitt. Ved kraften i Jesu blod bryter jeg enhver pakt, drømmefrø og sjelsbånd. Jeg erklærer at jeg er Kristi brud, satt til side til Hans ære. Jeg vandrer fri, i Jesu navn. Amen.

DAG 4: FORBANNEDE GJENSTANDER – DØRER SOM URENNER

≪ *Du skal ikke bringe noe vederstyggelig inn i ditt hus, for at du ikke skal bli forbannet likeså.*» – 5. Mosebok 7:26

En skjult oppføring mange ignorerer

Ikke alle eiendeler er bare en eiendel. Noen ting bærer med seg historie. Andre bærer med seg ånder. Forbannede gjenstander er ikke bare avguder eller gjenstander – de kan være bøker, smykker, statuer, symboler, gaver, klær eller til og med arvede arvestykker som en gang var dedikert til mørke krefter. Det som er på hyllen din, håndleddet ditt, veggen din – kan være selve inngangsporten til pine i livet ditt.

Globale observasjoner

- **Afrika** : Kalebasser, amuletter og armbånd knyttet til heksedoktorer eller forfedredyrkelse.
- **Asia** : Amuletter, stjernetegn og tempelsuvenirer.
- **Latin-Amerika** : Santería -halskjeder, dukker, lys med åndeinnskrifter.
- **Nord-Amerika** : Tarotkort, Ouija-brett, drømmefangere, skrekkminner.
- **Europa** : Hedenske relikvier, okkulte bøker, tilbehør med heksetema.

Et par i Europa opplevde plutselig sykdom og åndelig undertrykkelse etter å ha kommet tilbake fra ferie på Bali. Uten å vite det hadde de kjøpt en utskåret statue som hadde vært dedikert til en lokal sjøguddom. Etter bønn og dømmekraft fjernet de gjenstanden og brente den. Freden vendte umiddelbart tilbake.

En annen kvinne fra vitneforklaringene fra *Greater Exploits* rapporterte uforklarlige mareritt, helt til det ble avslørt at et halskjede i gave fra tanten hennes faktisk var en åndelig overvåkingsenhet innviet i et helligdom.

Du rengjør ikke bare huset ditt fysisk – du må også rengjøre det åndelig.

Vitnesbyrd: «Dukken som så på meg»

Lourdes Valdivia, hvis historie vi utforsket tidligere fra Sør-Amerika, mottok en gang en porselensdukke under en familiefeiring. Moren hennes hadde innviet den i et okkult ritual. Fra natten den ble brakt inn på rommet hennes, begynte Lourdes å høre stemmer, oppleve søvnparalyse og se skikkelser om natten.

Det var ikke før en kristen venn ba sammen med henne og Den Hellige Ånd åpenbarte dukkens opprinnelse at hun kvittet seg med den. Umiddelbart forsvant den demoniske tilstedeværelsen. Dette startet hennes oppvåkning – fra undertrykkelse til befrielse.

Handlingsplan – Hus- og hjerterevisjon

1. **Gå gjennom hvert rom** i hjemmet ditt med salvingsolje og Ordet.
2. **Be Den hellige ånd** om å fremheve gjenstander eller gaver som ikke er fra Gud.
3. **Brenn eller kast** gjenstander som er knyttet til det okkulte, avgudsdyrkelse eller umoral.
4. **Lukk alle dører** med skriftsteder som:
    - *5. Mosebok 7:26*
    - *Apostlenes gjerninger 19:19*
    - *2. Korinterbrev 6:16–18*

Gruppediskusjon og aktivering

- Del eventuelle gjenstander eller gaver du en gang eide som hadde uvanlige effekter på livet ditt.
- Lag en «sjekkliste for husrydding» sammen.
- Gi partnere i oppdrag å be gjennom hverandres hjemmemiljøer (med tillatelse).
- Inviter en lokal befrielsesprest til å lede en profetisk bønn om hjemmerensing.

Verktøy for tjenesten: Salvingsolje, tilbedelsesmusikk, søppelsekker (for ordentlig kasting) og en brannsikker beholder for gjenstander som skal destrueres.

Viktig innsikt
Det du tillater i rommet ditt kan autorisere ånder i livet ditt.

Refleksjonsjournal

- Hvilke gjenstander i hjemmet eller garderoben min har uklar åndelig opprinnelse?
- Har jeg holdt fast ved noe på grunn av sentimental verdi som jeg nå må gi slipp på?
- Er jeg klar til å helliggjøre min plass for Den hellige ånd?

Bønn om renselse
Herre Jesus, jeg inviterer din hellige ånd til å avsløre alt i mitt hjem som ikke er av deg. Jeg fornekter enhver forbannet gjenstand, gave eller ting som har vært knyttet til mørket. Jeg erklærer mitt hjem for hellig grunn. La din fred og renhet bo her. I Jesu navn. Amen.

DAG 5: FORTRYLLET OG BEDRATT — Å BRYTE FRI FRA SPOMMESÅNDEN

» Disse mennene er tjenere for Den høyeste Gud, og de forkynner frelsens vei for oss.» – *Apostlenes gjerninger 16:17 (NKJV)*

«Men Paulus ble svært opprørt og snudde seg og sa til ånden: 'Jeg befaler deg i Jesu Kristi navn å fare ut av henne.' Og han fór ut i samme stund.» – *Apostlenes gjerninger 16:18*

Det er en tynn linje mellom profeti og spådomskunst – og mange i dag krysser den uten engang å vite det.

Fra YouTube-profeter som tar betalt for «personlige ord» til tarotlesere på sosiale medier som siterer skriftsteder, har verden blitt en markedsplass for åndelig støy. Og tragisk nok drikker mange troende ubevisst fra forurensede bekker.

Spådomsånden etterligner Den hellige ånd. Den smigrer, forfører, manipulerer følelser og fanger ofrene sine i et nett av kontroll. Målet? Å åndelig vikle **inn, bedra og slavebinde**.

Globale uttrykk for spådom

- **Afrika** – Orakler, Ifá- prester, vannåndsmedier, profetisk svindel.
- **Asia** – Håndlesere, astrologer, forfedres seere, reinkarnasjons-"profeter".
- **Latin-Amerika** – Santeria-profeter, amulettmakere, helgener med mørke krefter.
- **Europa** – Tarotkort, klarsyn, mediumsirkler, New Age-kanalisering.
- **Nord-Amerika** – «kristne» synske, numerologi i kirker, englekort, åndeguider forkledd som Den hellige ånd.

Det som er farlig er ikke bare hva de sier – men **ånden** bak det.

Vitnesbyrd: Fra klarsynt til Kristus

En amerikansk kvinne vitnet på YouTube om hvordan hun gikk fra å være en «kristen profetinne» til å innse at hun opererte under en spådomsånd. Hun begynte å se visjoner tydelig, gi detaljerte profetiske ord og tiltrekke seg store folkemengder på nettet. Men hun kjempet også mot depresjon, mareritt og hørte hviskende stemmer etter hver økt.

En dag, mens hun så på en undervisning om *Apostlenes gjerninger 16*, falt vekten av. Hun innså at hun aldri hadde underkastet seg Den hellige ånd – bare sin egen gave. Etter dyp omvendelse og befrielse ødela hun englekortene sine og fastedagboken fylt med ritualer. I dag forkynner hun Jesus, ikke lenger «ord».

Handlingsplan – Testing av åndene

1. Spør: Drar dette ordet/denne gaven meg til **Kristus**, eller til **personen** som gir den?
2. Prøv hver ånd med *1. Johannes 4:1–3*.
3. Omvend deg fra enhver involvering med psykiske, okkulte eller forfalskede profetiske praksiser.
4. Bryt alle sjelebånd med falske profeter, spåmenn eller hekselærere (selv på nett).
5. Erklær med frimodighet:

«Jeg avviser enhver løgnånd. Jeg tilhører Jesus alene. Mine ører er innstilt på hans røst!»

Gruppesøknad

- Diskuter: Har du noen gang fulgt en profet eller åndelig veileder som senere viste seg å være falsk?
- Gruppeøvelse: Led medlemmene til å gi avkall på spesifikke praksiser som astrologi, sjeleavlesninger, psykiske spill eller åndelige influensere som ikke er forankret i Kristus.
- Inviter Den hellige ånd: Sett av 10 minutter til stillhet og lytting. Del deretter hva Gud åpenbarer – om noe.
- Brenn eller slett digitale/fysiske elementer relatert til spådom, inkludert bøker, apper, videoer eller notater.

Verktøy for tjenesten:
Befrielsesolje, kors (symbol på underkastelse), bøtte/kasse for å kaste symbolske gjenstander, tilbedelsesmusikk sentrert rundt Den hellige ånd.
Viktig innsikt
Ikke alt overnaturlig er fra Gud. Sann profeti kommer fra et nært forhold til Kristus, ikke fra manipulasjon eller skuespill.
Refleksjonsjournal

- Har jeg noen gang blitt tiltrukket av psykiske eller manipulerende åndelige praksiser?
- Er jeg mer avhengig av «ord» enn av Guds ord?
- Hvilke stemmer har jeg gitt tilgang til som nå må bringes til taushet?

BØNN OM BEFRIELSE

Far, jeg slutter meg til enhver spådomsånd, manipulasjonsånd og falsk profeti. Jeg angrer for å ha søkt veiledning uten din stemme. Rens mitt sinn, min sjel og min ånd. Lær meg å vandre ved din Ånd alene. Jeg lukker hver dør jeg har åpnet for det okkulte, bevisst eller ubevisst. Jeg erklærer at Jesus er min hyrde, og jeg hører bare hans stemme. I Jesu mektige navn, amen.

DAG 6: ØYETS PORTER – Å STENGJE MØRKETS PORTALER

» Øyet er kroppens lampe. Har du øynene dine friske, skal hele kroppen din være lys.»
– *Matteus 6:22 (NIV)*

«Jeg vil ikke sette noe ondt for mine øyne...» – *Salme 101:3 (KJV)*

I den åndelige verden **er øynene dine porter.** Det som kommer inn gjennom øynene dine påvirker sjelen din – for renhet eller forurensning. Fienden vet dette. Det er derfor media, bilder, pornografi, skrekkfilmer, okkulte symboler, motetrender og forførende innhold har blitt slagmarker.

Krigen om oppmerksomheten din er en krig om sjelen din.

Det mange anser som «ufarlig underholdning» er ofte en kodet invitasjon – til begjær, frykt, manipulasjon, stolthet, forfengelighet, opprør eller til og med demonisk tilknytning.

Globale porter til visuelt mørke

- **Afrika** – Rituelle filmer, Nollywood-temaer som normaliserer hekseri og polygami.
- **Asia** – Anime og manga med spirituelle portaler, forførende ånder og astralreiser.
- **Europa** – gotisk mote, skrekkfilmer, vampyrbesettelser, satanisk kunst.
- **Latin-Amerika** – Telenovelaer som glorifiserer trolldom, forbannelser og hevn.
- **Nord-Amerika** – Mainstream-medier, musikkvideoer, pornografi, «søte» demoniske tegnefilmer.

Det du stadig vekk ser på, blir du ufølsom for.

Historie: «Tegneserien som forbannet barnet mitt»

En mor fra USA la merke til at hennes femåring begynte å skrike om natten og tegne forstyrrende bilder. Etter bønn pekte Den hellige ånd henne på en tegnefilm sønnen hennes hadde sett i hemmelighet – en fylt med trylleformler, snakkende ånder og symboler hun ikke hadde lagt merke til.

Hun slettet programmene og smurte huset og skjermene sine. Etter flere netter med midnattsbønn og Salme 91, opphørte angrepene, og gutten begynte å sove fredelig. Hun leder nå en støttegruppe som hjelper foreldre med å vokte barnas visuelle porter.

Handlingsplan – Rensende øyeporten

1. Gjør en **medieanalyse** : Hva ser du på? Leser du? Scroller du?
2. Avbryt abonnementer eller plattformer som gir næring til kjødet ditt i stedet for troen din.
3. Salv øynene og skjermene dine, og erklær Salme 101:3.
4. Erstatt søppel med gudfryktige innspill – dokumentarer, tilbedelse, ren underholdning.
5. Erklære:

«Jeg vil ikke sette noe ondt for øynene mine. Mitt syn tilhører Gud.»
Gruppesøknad

- Utfordring: 7-dagers Eye Gate Fast – ingen giftig media, ingen inaktiv rulling.
- Del: Hvilket innhold har Den Hellige Ånd bedt deg om å slutte å se på?
- Øvelse: Legg hendene på øynene og gi avkall på all urenhet gjennom syn (f.eks. pornografi, gru, forfengelighet).
- Aktivitet: Be medlemmene slette apper, brenne bøker eller kaste elementer som ødelegger synet deres.

Verktøy: Olivenolje, apper for ansvarlighet, skjermsparere fra Skriften, bønnekort for øyeporter.
Viktig innsikt

Du kan ikke leve med autoritet over demoner hvis du blir underholdt av dem.

Refleksjonsjournal

- Hva gir jeg øynene mine som kanskje gir næring til mørket i livet mitt?
- gråt jeg sist over det som knuser Guds hjerte?
- Har jeg gitt Den hellige ånd full kontroll over skjermtiden min?

Bønn om renhet

Herre Jesus, jeg ber om at ditt blod må skylle over øynene mine. Tilgi meg for de tingene jeg har sluppet inn gjennom skjermene, bøkene og fantasien min. I dag erklærer jeg at øynene mine er for lys, ikke mørke. Jeg avviser ethvert bilde, enhver lyst og enhver innflytelse som ikke er fra deg. Rens min sjel. Vokt blikket mitt. Og la meg se det du ser – i hellighet og sannhet. Amen.

DAG 7: KRAFTEN BAK NAVN – Å FORNEMME UHELLIGE IDENTITETER

≪ Jabes påkalte Israels Gud og sa: «Å, om du bare ville velsigne meg ...» Gud ga ham det han ba om.»
– 1. *Krønikebok 4:10*

«Du skal ikke lenger hete Abram, men Abraham ...» – 1. *Mosebok 17:5*

Navn er ikke bare merkelapper – de er åndelige erklæringer. I Skriften gjenspeiles navn ofte skjebne, personlighet eller til og med trelldom. Å navngi noe er å gi det identitet og retning. Fienden forstår dette – det er derfor mange mennesker ubevisst er fanget under navn gitt i uvitenhet, smerte eller åndelig trelldom.

Akkurat som Gud forandret navn (Abram til Abraham, Jakob til Israel, Sarai til Sara), forandrer han fortsatt skjebner ved å gi sitt folk nytt navn.

Globale kontekster av navnebinding

- **Afrika** – Barn oppkalt etter døde forfedre eller avguder («Ogbanje», «Dike», «Ifunanya» knyttet til betydninger).
- **Asia** – Reinkarnasjonsnavn knyttet til karmiske sykluser eller guddommer.
- **Europa** – Navn med røtter i hedensk eller hekseaktig arv (f.eks. Freya, Tor, Merlin).
- **Latin-Amerika** – Santeria-inspirerte navn, spesielt gjennom åndelig dåp.
- **Nord-Amerika** – Navn hentet fra popkultur, opprørsbevegelser eller forfedres dedikasjoner.

Navn betyr noe – og de kan bære kraft, velsignelse eller trelldom.

Historie: «Hvorfor jeg måtte gi datteren min nytt navn»

I *Greater Exploits 14* ga et nigeriansk par datteren sin navnet «Amaka», som betyr «vakker», men hun led av en sjelden sykdom som forvirret legene. Under en profetisk konferanse fikk moren en åpenbaring: navnet ble en gang brukt av bestemoren hennes, en heksedoktor, hvis ånd nå gjorde krav på barnet.

De endret navnet hennes til «Oluwatamilore» (Gud har velsignet meg), etterfulgt av faste og bønn. Barnet ble helt friskt.

En annen sak fra India involverte en mann ved navn «Karma» som slet med generasjonsforbannelser. Etter å ha gitt avkall på hinduistiske bånd og endret navn til «Jonathan», begynte han å oppleve gjennombrudd innen økonomi og helse.

Handlingsplan – Undersøke navnet ditt

1. Undersøk den fulle betydningen av navnene dine – fornavn, mellomnavn og etternavn.
2. Spør foreldre eller eldre hvorfor du fikk disse navnene.
3. Gi avkall på negative åndelige betydninger eller dedikasjoner i bønn.
4. Erklær din guddommelige identitet i Kristus:

«Jeg er kalt med Guds navn. Mitt nye navn er skrevet i himmelen (Åpenbaringen 2:17).»

GRUPPEENGASJEMENT

- Spør medlemmene: Hva betyr navnet ditt? Har du hatt drømmer som omhandler det?
- Lag en «navnebønn» – der du profetisk erklærer hver persons identitet.
- Legg hendene på dem som trenger å bryte med navn knyttet til pakter eller forfedres trelldom.

Verktøy: Skriv ut kort med betydningen av navn, ta med salvingsolje, bruk skriftsteder med navneendringer.

Viktig innsikt

Du kan ikke vandre i din sanne identitet samtidig som du svarer på en falsk en.

Refleksjonsjournal

- Hva betyr navnet mitt – åndelig og kulturelt?
- Føler jeg meg i samsvar med navnet mitt, eller i konflikt med det?
- Hvilket navn kaller himmelen meg?

Bønn om å gi nytt navn

Far, i Jesu navn takker jeg deg for at du har gitt meg en ny identitet i Kristus. Jeg bryter enhver forbannelse, pakt eller demonisk bånd knyttet til navnene mine. Jeg gir avkall på ethvert navn som ikke stemmer overens med din vilje. Jeg mottar navnet og identiteten himmelen har gitt meg – full av kraft, hensikt og renhet. I Jesu navn, amen.

DAG 8: AVMASKERING AV FALSK LYS – NEW AGE-FELLER OG ENGLEBEDRAG

≪ *Og det er ikke rart! For Satan selv gir seg ut for å være en lysets engel.»* – 2. Korinterbrev 11:14
«Mine kjære, tro ikke enhver ånd, men prøv åndene om de er fra Gud...» – 1. Johannes 4:1

Ikke alt som gløder er Gud.

I dagens verden søker et økende antall mennesker «lys», «helbredelse» og «energi» utenfor Guds ord. De vender seg til meditasjon, yogaaltre, aktivering av det tredje øye, påkalling av forfedre, tarotlesninger, månerituler, englekanalisering og til og med kristent-klingende mystikk. Bedraget er sterkt fordi det ofte kommer med fred, skjønnhet og kraft – i starten.

Men bak disse bevegelsene står spådomsånder, falske profetier og gamle guddommer som bærer lysets maske for å få lovlig tilgang til folks sjeler.

Global rekkevidde av falskt lys

- **Nord-Amerika** – Krystaller, salvierensing, tiltrekningsloven, synske, koder for fremmede lys.
- **Europa** – Omdøpt hedenskap, gudinnedyrkelse, hvit hekseri, åndelige festivaler.
- **Latin-Amerika** – Santeria blandet med katolske helgener og spiritistiske healere (curanderos).
- **Afrika** – Profetiske forfalskninger ved bruk av englealtere og rituelt vann.
- **Asia** – Chakraer, yoga-«opplysning», reinkarnasjonsrådgivning, tempelånder.

Disse praksisene kan tilby midlertidig «lys», men de formørker sjelen over tid.

Vitnesbyrd: Befrielse fra lyset som forførte

Fra *Greater Exploits 14* hadde Mercy (Storbritannia) deltatt på englekurs og praktisert «kristen» meditasjon med røkelse, krystaller og englekort. Hun trodde hun hadde tilgang til Guds lys, men begynte snart å høre stemmer mens hun sov og føle uforklarlig frykt om natten.

Hennes utfrielse begynte da noen ga henne *The Jameses Exchange i gave*, og hun innså likhetene mellom hennes opplevelser og opplevelsene til en eks-satanist som snakket om englebedrag. Hun omvendte seg, ødela alle okkulte gjenstander og underkastet seg fullstendige bønner om utfrielse.

I dag vitner hun frimodig mot New Age-bedrag i kirker og har hjulpet andre med å gi avkall på lignende veier.

Handlingsplan – Testing av åndene

1. **Lag en oversikt over dine vaner og trosoppfatninger** – Stemmer de overens med Skriften, eller føles de bare åndelige?
2. **Gi avkall på og ødelegg** alt falskt lys-materiale: krystaller, yogamanualer, englekort, drømmefangere osv.
3. **Be Salme 119:105** – be Gud om å gjøre Hans Ord til ditt eneste lys.
4. **Erklær krig mot forvirring** – bind kjente ånder og falsk åpenbaring.

GRUPPESØKNAD

- **Diskuter** : Har du eller noen du kjenner blitt dratt inn i «åndelige» praksiser som ikke har handlet om Jesus?
- **Rollespill med dømmekraft** : Les utdrag av «åndelige» ordtak (f.eks. «Stol på universet») og kontraster dem med Skriften.
- **Salvelses- og befrielsesøkt** : Riv altere for falskt lys og erstatt dem med en pakt med *verdens lys* (Johannes 8:12).

Verktøy for departementet :

- Ta med faktiske New Age-gjenstander (eller bilder av dem) til objektundervisning.
- Be om befrielse mot åndsslektninger (se Apostlenes gjerninger 16:16–18).

Viktig innsikt
Satans farligste våpen er ikke mørke – det er forfalsket lys.

Refleksjonsjournal

- Har jeg åpnet åndelige dører gjennom «lette» læresetninger som ikke er forankret i Skriften?
- Stoler jeg på Den hellige ånd eller på intuisjon og energi?
- Er jeg villig til å gi opp alle former for falsk spiritualitet for Guds sannhet?

BØNN OM FORSAKELSE
Far , jeg angrer for alle måter jeg har underholdt eller engasjert meg i det falske lyset. Jeg avsier alle former for New Age, hekseri og bedragersk spiritualitet. Jeg bryter ethvert sjelebånd til engleaktige bedragere, åndeveiledere og falsk åpenbaring. Jeg mottar Jesus, verdens sanne lys. Jeg erklærer at jeg ikke vil følge noen annen stemme enn din, i Jesu navn. Amen.

DAG 9: BLODALTERET – PAKTER SOM KREVER ET LIV

> *Og de bygde offerhaugene for Ba'al ... for å la sine sønner og sine døtre gå gjennom ilden for Molok.»* – Jeremia 32:35

«Og de seiret over ham ved Lammets blod og ved sitt vitnesbyrds ord ...» – Åpenbaringen 12:11

Det finnes altere som ikke bare ber om din oppmerksomhet – de krever blodet ditt.

Fra oldtiden og frem til i dag har blodpakter vært en sentral praksis i mørkets rike. Noen inngås bevisst gjennom hekseri, abort, rituelle drap eller okkulte innvielser. Andre arves gjennom forfedrenes praksis eller forenes ubevisst gjennom åndelig uvitenhet.

Overalt hvor uskyldig blod blir utgyt – enten det er i helligdommer, soverom eller styrerom – taler et demonisk alter.

Disse alterne krever liv, avkorter skjebner og skaper et lovlig grunnlag for demonisk plage.

Globale blodaltere

- **Afrika** – Rituelle drap, pengeritualer, barneofringer, blodpakter ved fødsel.
- **Asia** – Blodofre i tempelet, familieforbannelser gjennom abort eller krigseder.
- **Latin-Amerika** – Santeria-dyreofringer, blodofringer til de dødes ånder.
- **Nord-Amerika** – Abort-som-sakrament-ideologi, demoniske blodedsbrorskap.
- **Europa** – Gamle druid- og frimurerritualer, blodsutgytelsesaltere fra andre verdenskrig som fortsatt ikke har angret.

Disse paktene, med mindre de brytes, fortsetter å kreve liv, ofte i sykluser.

Sann historie: En fars offer

Delivered *from the Power of Darkness** oppdaget en kvinne fra Sentral-Afrika under en befrielsesøkt at hennes hyppige møter med døden var knyttet til en blodsed faren hennes hadde avlagt. Han hadde lovet henne livet i bytte mot rikdom etter årevis med infertilitet.

Etter at faren hennes døde, begynte hun å se skygger og oppleve nesten fatale ulykker hvert år på bursdagen sin. Gjennombruddet hennes kom da hun ble ledet til å erklære Salme 118:17 – «*Jeg skal ikke dø, men leve...*» – over seg selv daglig, etterfulgt av en rekke forsakelsesbønner og faste. I dag leder hun en kraftfull forbønnstjeneste.

En annen beretning fra *Greater Exploits 14* beskriver en mann i Latin-Amerika som deltok i en gjenginitiering som involverte blodsutgytelse. År senere, selv etter å ha tatt imot Kristus, var livet hans i konstant kaos – helt til han brøt blodpakten gjennom en lengre faste, offentlig skriftemål og vanndåp. Pinen stoppet.

Handlingsplan – Å stille blodaltrene

1. **Omvend deg** fra enhver abort, pakter om okkulte blodsutgytelser eller arvelig blodsutgytelse.
2. **Gi avkall på** alle kjente og ukjente blodpakter høyt ved navn.
3. **Faste i tre dager** med nattverd daglig, og erklære Jesu blod som din lovlige dekning.
4. **Erklær høyt**:

«*Ved Jesu blod bryter jeg enhver blodspakt som er inngått på mine vegne. Jeg er forløst!*»

GRUPPESØKNAD

- Diskuter forskjellen mellom naturlige blodsbånd og demoniske blodspakter.
- Bruk rødt bånd/tråd til å representere blodaltere, og saks til å klippe dem profetisk.

- Be om et vitnesbyrd fra noen som har brutt seg løs fra blodsbundet fangenskap.

Verktøy for departementet :

- Nattverdselementer
- Salvingsolje
- Leveringserklæringer
- Visuell alterbrytning med levende lys hvis mulig

Viktig innsikt
Satan handler med blod. Jesus betalte for mye for din frihet med sin.

Refleksjonsjournal

- Har jeg eller familien min deltatt i noe som har involvert blodsutgytelse eller eder?
- Er det gjentakende dødsfall, spontanaborter eller voldelige mønstre i blodslinjen min?
- Har jeg fullt og helt stolt på at Jesu blod skal tale høyere over livet mitt?

Bønn om befrielse
Herre Jesus , jeg takker deg for ditt dyrebare blod som taler bedre ting enn Abels blod. Jeg angrer enhver blodspakt som jeg eller mine forfedre inngikk, bevisst eller ubevisst. Jeg fornekter dem nå. Jeg erklærer at jeg er dekket av Lammets blod. La ethvert demonisk alter som krever mitt liv bli stilnet og knust. Jeg lever fordi du døde for meg. I Jesu navn, amen.

DAG 10: Ufruktbarhet og knusthet – Når livmoren blir en slagmark

> *Ingen skal abortere eller være ufruktbar i ditt land. Jeg vil fylle tall på dine dager.»* – 2. Mosebok 23:26
>
> *«Han gir den barnløse kvinnen en familie, gjør henne til en lykkelig mor. Lovpris Herren!»* – Salme 113:9

Infertilitet er mer enn et medisinsk problem. Det kan være en åndelig festning forankret i dype emosjonelle, forfedrelige og til og med territoriale kamper.

På tvers av nasjoner brukes ufruktbarhet av fienden til å skamme, isolere og ødelegge kvinner og familier. Mens noen årsaker er fysiologiske, er mange dypt åndelige – knyttet til generasjonsaltere, forbannelser, åndelige ektefeller, aborterte skjebner eller sjelsår.

Bak enhver ufruktbar morsliv har himmelen et løfte. Men det er ofte en krig som må utkjempes før unnfangelsen – i morsliv og i ånden.

Globale mønstre av ufruktbarhet

- **Afrika** – Knyttet til polygami, forfedres forbannelser, helligdomspakter og åndebarn.
- **Asia** – Karma-tro, løfter fra tidligere liv, generasjonsforbannelser, skamkultur.
- **Latin-Amerika** – Hekseriindusert livmorslukking, misunnelsesformler.
- **Europa** – overavhengighet av IVF, frimureriets barneofringer, abortskyld.
- **Nord-Amerika** – Følelsesmessige traumer, sjelssår, spontanabortsykluser, hormonendrende medisiner.

EKTE HISTORIER – FRA tårer til vitnesbyrd
Maria fra Bolivia (Latin-Amerika)

Maria hadde hatt fem spontanaborter. Hver gang drømte hun om å holde en gråtende baby og så blod neste morgen. Legene kunne ikke forklare tilstanden hennes. Etter å ha lest et vitnesbyrd i *Greater Exploits* , innså hun at hun hadde arvet et familiealter av ufruktbarhet fra en bestemor som hadde viet alle kvinnelige livmorer til en lokal guddom.

Hun fastet og uttalte Salme 113 i 14 dager. Pastoren hennes ledet henne i å bryte pakten ved hjelp av nattverd. Ni måneder senere fødte hun tvillinger.

Ngozi fra Nigeria (Afrika)

Ngozi hadde vært gift i 10 år uten barn. Under befrielsesbønner ble det avslørt at hun hadde vært gift i ånderiknet med en marineektemann. Hver eggløsningssyklus hadde hun seksuelle drømmer. Etter en serie krigsbønner ved midnatt og en profetisk handling der hun brent gifteringen fra en tidligere okkult innvielse, åpnet livmoren hennes seg.

Handlingsplan – Åpne livmoren

1. **Identifiser roten** – forfedres, emosjonell, ekteskapelig eller medisinsk.
2. **Omvend deg fra tidligere aborter** , sjelebånd, seksuelle synder og okkulte dedikasjoner.
3. **Salv din livmor daglig** mens du erklærer 2. Mosebok 23:26 og Salme 113.
4. **Fast i tre dager** og ta nattverd daglig, og avvis alle altere knyttet til livmoren din.
5. **Snakk høyt** :

Mitt liv er velsignet. Jeg forkaster enhver pakt om ufruktbarhet. Jeg skal bli gravid og føde til full termin ved Den Hellige Ånds kraft!

Gruppesøknad

- Inviter kvinner (og par) til å dele byrdene av forsinkelser i et trygt og bønnefullt rom.
- Bruk røde skjerf eller kluter knyttet rundt livet – og løsne dem deretter profetisk som et tegn på frihet.
- Led en profetisk «navngivnings»-seremoni – erklær barn som ennå ikke er født ved tro.
- Bryt ordforbannelser, kulturell skam og selvhat i bønnesirkler.

Verktøy for departementet:

- Olivenolje (salver livmor)
- Kommunion
- Kapper/sjal (symboliserer tildekking og nytt)

Viktig innsikt

Ufruktbarhet er ikke slutten – det er et kall til krig, til tro og til gjenopprettelse. Guds forsinkelse er ikke fornektelse.

Refleksjonsjournal

- Hvilke emosjonelle eller åndelige sår er knyttet til livmoren min?
- Har jeg latt skam eller bitterhet erstatte håpet mitt?
- Er jeg villig til å konfrontere de underliggende årsakene med tro og handling?

Bønn om helbredelse og unnfangelse

Far, jeg står på Ditt Ord som sier at ingen skal være ufruktbar i landet. Jeg avviser enhver løgn, alter og ånd som er tildelt for å blokkere min fruktbarhet. Jeg tilgir meg selv og andre som har talt ondt om kroppen min. Jeg mottar helbredelse, gjenopprettelse og liv. Jeg erklærer min livmor fruktbar og min glede full. I Jesu navn. Amen.

DAG 11: AUTOIMMUNE LIDELSER OG KRONISK UTMATTELSE – DEN USYNLIGE KRIGEN INNE

>> *Et hus som er i strid med seg selv, skal ikke bli stående.»* – Matteus 12:25
«Han gir de svake kraft, og de som ikke har krefter, gir han stor styrke.» – Jesaja 40:29

Autoimmune sykdommer er der kroppen angriper seg selv – forveksler sine egne celler med fiender. Lupus, revmatoid artritt, multippel sklerose, Hashimotos og andre faller inn under denne gruppen.

Kronisk utmattelsessyndrom (CFS), fibromyalgi og andre uforklarlige utmattelseslidelser overlapper ofte med autoimmune problemer. Men utover det biologiske bærer mange som lider på følelsesmessige traumer, sjelssår og åndelige byrder.

Kroppen roper – ikke bare etter medisiner, men etter fred. Mange er i krig med seg selv.

Globalt glimt

- **Afrika** – Økende antall autoimmune diagnoser knyttet til traumer, forurensning og stress.
- **Asia** – Høye forekomster av skjoldbruskkjertellidelser knyttet til forfedres undertrykkelse og skamkultur.
- **Europa og Amerika** – Kronisk utmattelse og utbrenthetsepidemi fra en prestasjonsdrevet kultur.
- **Latin-Amerika** – Lidende blir ofte feildiagnostisert; stigma og åndelige angrep gjennom sjelsfragmentering eller forbannelser.

Skjulte åndelige røtter

- **Selvhat eller skam** – følelsen av å «ikke være bra nok».
- **Utilgivelse overfor seg selv eller andre** – immunforsvaret etterligner den åndelige tilstanden.
- **Ubearbeidet sorg eller svik** – åpner døren for sjelstretthet og fysisk sammenbrudd.
- **Heksekunstplage eller sjalusipiler** – brukes til å tappe åndelig og fysisk styrke.

Sanne historier – kamper utkjempet i mørket
Elena fra Spania
Elena fikk diagnosen lupus etter et langt, voldsomt forhold som knuste henne følelsesmessig. I terapi og bønn ble det avslørt at hun hadde internalisert hat, i den tro at hun var verdiløs. Da hun begynte å tilgi seg selv og konfrontere sjelsår med Skriften, ble anfallene hennes drastisk redusert. Hun vitner om Ordets helbredende kraft og sjelsrensing.

James fra USA
James, en målrettet bedriftsleder, kollapset av CFS etter 20 år med uavbrutt stress. Under befrielsen ble det avslørt at en generasjonsforbannelse av strev uten hvile plaget mennene i familien hans. Han gikk inn i en tid med sabbat, bønn og skriftemål, og fant gjenopprettelse ikke bare av helse, men også av identitet.

Handlingsplan – Helbredelse av sjelen og immunforsvaret

1. **Be Salme 103:1–5** høyt hver morgen – spesielt vers 3–5.
2. **List opp dine indre overbevisninger** – hva sier du til deg selv? Bryt løgnene.
3. **Tilgi dypt** – spesielt deg selv.
4. **Ta nattverd** for å gjenopprette kroppspakten – se Jesaja 53.
5. **Hvil i Gud** – Sabbaten er ikke valgfri, det er åndelig krigføring mot utbrenthet.

Jeg erklærer at kroppen min ikke er min fiende. Hver celle i meg skal være i samsvar med guddommelig orden og fred. Jeg mottar Guds styrke og helbredelse.
Gruppesøknad

- La medlemmene dele tretthetsmønstre eller emosjonell utmattelse de skjuler.
- Gjør en «sjeledump»-øvelse – skriv ned byrder, og brenn eller begrav dem deretter symbolsk.
- Legg hendene på de som lider av autoimmune symptomer; befal balanse og fred.
- Oppmuntre til 7-dagers journalføring av emosjonelle triggere og helbredende skriftsteder.

Verktøy for departementet:

- Eteriske oljer eller duftende salvelse for forfriskning
- Journaler eller notatblokker
- Salme 23 meditasjonslydspor

Viktig innsikt

Det som angriper sjelen manifesterer seg ofte i kroppen. Helbredelse må strømme innenfra og ut.

Refleksjonsjournal

- Føler jeg meg trygg i min egen kropp og tanker?
- Bærer jeg på skam eller skyld fra tidligere feil eller traumer?
- Hva kan jeg gjøre for å begynne å ære hvile og fred som åndelig praksis?

Bønn om gjenopprettelse

Herre Jesus, du er min helbreder. I dag avviser jeg enhver løgn om at jeg er ødelagt, skitten eller dømt. Jeg tilgir meg selv og andre. Jeg velsigner hver celle i kroppen min. Jeg mottar fred i sjelen min og balanse i immunforsvaret mitt. Ved dine sår er jeg helbredet. Amen.

DAG 12: EPILEPSI OG PSYKISK PLAGE — NÅR SINNET BLIR EN SLAGMARK

«*Herre, forbarm deg over min sønn! For han er gal og lider dypt. Ofte faller han i ilden og ofte i vannet.*» – Matteus 17:15

«*Gud har ikke gitt oss motløshets ånd, men kraftens og kjærlighetens og sindighetens ånd.*» – 2. Timoteus 1:7

Noen plager er ikke bare medisinske – de er åndelige slagmarker forkledd som sykdom.

Epilepsi, anfall, schizofreni, bipolare episoder og plagemønstre i sinnet har ofte usynlige røtter. Selv om medisinering har en plass, er dømmekraft avgjørende. I mange bibelske beretninger var anfall og mentale anfall et resultat av demonisk undertrykkelse.

Det moderne samfunnet medisinerer det Jesus ofte *kastet ut*.

Global virkelighet

- **Afrika** – Anfall tilskrives ofte forbannelser eller forfedreånder.
- **Asia** – Epileptikere blir ofte skjult på grunn av skam og åndelig stigma.
- **Latin-Amerika** – Schizofreni knyttet til generasjonshekseri eller avbrutte kall.
- **Europa og Nord-Amerika** – Overdiagnostisering og overmedisinering maskerer ofte demoniske underliggende årsaker.

Ekte historier – befrielse i ilden
Musa fra Nord-Nigeria

Musa hadde epileptiske anfall siden barndommen. Familien hans prøvde alt – fra lokale leger til kirkebønner. En dag, under en befrielsestjeneste, åpenbarte Ånden at Musas bestefar hadde ofret ham i en heksehandel. Etter å ha brutt pakten og salvet ham, fikk han aldri et nytt anfall.

Daniel fra Peru

Daniel ble diagnostisert med bipolar lidelse og slet med voldsomme drømmer og stemmer. Han oppdaget senere at faren hans hadde vært involvert i hemmelige sataniske ritualer i fjellene. Befrielsesbønner og en tre dagers faste brakte klarhet. Stemmene stoppet. I dag er Daniel rolig, gjenopprettet og forbereder seg på tjeneste.

Tegn å se opp for

- Gjentatte episoder med anfall uten kjent nevrologisk årsak.
- Stemmer, hallusinasjoner, voldelige eller selvmordstanker.
- Tap av tid eller hukommelse, uforklarlig frykt eller fysiske anfall under bønn.
- Familiemønstre av sinnssykdom eller selvmord.

Handlingsplan – Ta autoritet over sinnet

1. **Omvend deg fra alle kjente okkulte bånd, traumer eller forbannelser.**
2. **Legg hendene på hodet ditt hver dag og bekjent at du har et sunt sinn (2. Timoteus 1:7).**
3. **Faste og be over sinnbindende ånder.**
4. **Bryt forfedrenes eder, dedikasjoner eller forbannelser fra blodslinjen.**
5. **Hvis mulig, bli med en sterk bønnepartner eller et befrielsesteam.**

Jeg avviser enhver ånd av plage, angrep og forvirring. Jeg mottar et sunt sinn og stabile følelser i Jesu navn!

Gruppearbeid og søknad

- Identifiser familiemønstre for psykiske lidelser eller anfall.
- Be for de lidende – bruk salvingsolje på pannen.
- La forbederne gå rundt i rommet og erklære: «Fri, vær stille!» (Markus 4:39)
- Oppfordre de berørte til å bryte muntlige avtaler: «Jeg er ikke gal. Jeg er helbredet og hel.»

Verktøy for departementet:

- Salvingsolje
- Helbredelseserklæringskort
- Lovsangsmusikk som fremmer fred og identitet

Viktig innsikt
Ikke alle plager er bare fysiske. Noen er forankret i gamle pakter og demoniske juridiske grunnlag som må tas tak i åndelig sett.

Refleksjonsjournal

- Har jeg noen gang blitt plaget i tankene eller søvnen?
- Finnes det uhelede traumer eller åndelige dører jeg må lukke?
- Hvilken sannhet kan jeg forkynne daglig for å forankre mitt sinn i Guds Ord?

Bønn om sunnhet
Herre Jesus, du er den som gjenoppretter mitt sinn. Jeg fornekter enhver pakt, traume eller demonisk ånd som angriper min hjerne, følelser og klarhet. Jeg mottar helbredelse og et sunt sinn. Jeg erklærer at jeg skal leve og ikke dø. Jeg skal fungere med full styrke, i Jesu navn. Amen.

DAG 13: FRYKTENS ÅND — Å BRYTE BURETTET AV USYNLIG PIGEN

> *For Gud har ikke gitt oss fryktens ånd, men kraftens og kjærlighetens og sindighetens ånd.»* – 2. Timoteus 1:7

«Frykt har pinsler ...» – 1. Johannes 4:18

Frykt er ikke bare en følelse – det kan være en *ånd*.

Den hvisker om fiasko før du starter. Den forsterker avvisning. Den lammer formål. Den lammer nasjoner.

Mange sitter i usynlige fengsler bygd av frykt: frykt for død, fiasko, fattigdom, mennesker, sykdom, åndelig krigføring og det ukjente.

Bak mange angstanfall, panikklidelser og irrasjonelle fobier ligger et åndelig oppdrag sendt for å **nøytralisere skjebner**.

Globale manifestasjoner

- **Afrika** – Frykt forankret i generasjonsforbannelser, gjengjeldelse fra forfedrene eller hekseri.
- **Asia** – Kulturell skam, karmisk frykt, reinkarnasjonsangst.
- **Latin-Amerika** – Frykt for forbannelser, landsbylegender og åndelig gjengjeldelse.
- **Europa og Nord-Amerika** – Skjult angst, diagnostiserte lidelser, frykt for konfrontasjon, suksess eller avvisning – ofte åndelig, men merket som psykologisk.

Ekte historier – Avsløring av ånden
Sarah fra Canada

I årevis kunne ikke Sarah sove i mørket. Hun følte alltid en tilstedeværelse i rommet. Legene diagnostiserte det som angst, men ingen behandling virket. Under en online befrielsesøkt ble det avslørt at en barndomsfrykt åpnet en dør til en plagende ånd gjennom et mareritt og en skrekkfilm. Hun angret, ga avkall på frykten og befalte den å gå. Hun sover nå i fred.

Uche fra Nigeria

Uche ble kalt til å preke, men hver gang han sto foran folk, frøs han til. Frykten var unaturlig – han kveltes, han lammet ham. I bønn viste Gud ham et forbannelsesord som ble uttalt av en lærer som hånet stemmen hans som barn. Det ordet dannet en åndelig lenke. Da den var brutt, begynte han å forkynne med frimodighet.

Handlingsplan – Overvinne frykt

1. **Bekjenn enhver frykt ved navn** : «Jeg avsier frykten for [_____] i Jesu navn.»
2. **Les Salme 27 og Jesaja 41 høyt hver dag.**
3. **Tilbe til fred erstatter panikk.**
4. **Fast fra fryktbaserte medier – skrekkfilmer, nyheter, sladder.**
5. **Erklær daglig** : «Jeg har et sunt sinn. Jeg er ikke en slave av frykt.»

Gruppesøknad – Gjennombrudd i lokalsamfunnet

- Spør gruppemedlemmene: Hvilken frykt har lammet deg mest?
- Del opp i små grupper og led bønner om **forsakelse** og **erstatning** (f.eks. frykt → frimodighet, angst → selvtillit).
- La hver person skrive ned en frykt og brenne den som en profetisk handling.
- Bruk *salvingsolje* og *bekjennelser fra Skriften* over hverandre.

Verktøy for departementet:

- Salvingsolje
- Skriftstedserklæringskort
- Lovsang: «No Longer Slaves» av Bethel

Viktig innsikt

Frykt som tolereres er **tro som er forurenset** .
Du kan ikke være modig og redd samtidig – velg mod.

Refleksjonsjournal

- Hvilken frykt har vært med meg siden barndommen?
- Hvordan har frykt påvirket mine avgjørelser, helse eller forhold?
- Hva ville jeg gjort annerledes hvis jeg var helt fri?

Bønn om frihet fra frykt
Far , jeg fornekter fryktens ånd. Jeg lukker hver dør gjennom traumer, ord eller synd som ga frykt adgang. Jeg mottar kraftens, kjærlighetens og et sunt sinns Ånd. Jeg erklærer frimodighet, fred og seier i Jesu navn. Frykt har ikke lenger noen plass i mitt liv. Amen.

DAG 14: SATANISKE MERKER – Å VISKJE UT DET UHELLIGE MERKEET

« *Fra nå av skal ingen plage meg, for jeg bærer Herren Jesu merker på kroppen.*» – Galaterne 6:17

«*De skal sette mitt navn på Israels barn, og jeg vil velsigne dem.*» – 4. Mosebok 6:27

Mange skjebner er i stillhet *preget* i den åndelige sfæren – ikke av Gud, men av fienden.

Disse sataniske merkene kan komme i form av merkelige kroppstegn, drømmer om tatoveringer eller brennemerker, traumatisk mishandling, blodritualer eller arvede altere. Noen er usynlige – bare oppfattet gjennom åndelig følsomhet – mens andre viser seg som fysiske tegn, demoniske tatoveringer, åndelig brennemerker eller vedvarende skrøpeligheter.

Når en person blir merket av fienden, kan de oppleve:

- Konstant avvisning og hat uten grunn.
- Gjentatte åndelige angrep og blokkeringer.
- For tidlig død eller helsekriser i visse aldre.
- Å bli sporet i ånden – alltid synlig for mørket.

Disse merkene fungerer som *lovlige merkelapper*, som gir mørke ånder tillatelse til å plage, forsinke eller overvåke.

Men Jesu blod **renser** og **gir nytt navn**.

Globale uttrykk

- **Afrika** – Stammemerker, rituelle kutt, okkulte innvielsesarr.
- **Asia** – Åndelige segl, forfedres symboler, karmiske merker.
- **Latin-Amerika** – Brujeria (hekseri) innvielsesmerker, fødselstegn

brukt i ritualer.
- **Europa** – frimureriske emblemer, tatoveringer som påkaller åndelige guider.
- **Nord-Amerika** – New age-symboler, tatoveringer for rituelle overgrep, demonisk brennemerking gjennom okkulte pakter.

Ekte historier – Kraften i omprofilering
David fra Uganda
David møtte stadig avvisning. Ingen kunne forklare hvorfor, til tross for talentet hans. I bønn så en profet en «åndelig X» i pannen sin – et merke fra et barndomsritual utført av en landsbyprest. Under utfrielsen ble merket åndelig visket ut gjennom salvingsolje og Jesu blods erklæringer. Livet hans forandret seg i løpet av uker – han giftet seg, fikk jobb og ble ungdomsleder.

Sandra fra Brasil
Sandra hadde en dragetatovering fra tenårsopprøret sitt. Etter å ha gitt livet sitt til Kristus, merket hun intense åndelige angrep hver gang hun fastet eller ba. Pastoren hennes forsto at tatoveringen var et demonisk symbol knyttet til å overvåke ånder. Etter en økt med omvendelse, bønn og indre helbredelse, fikk hun tatoveringen fjernet og brøt sjelebåndet. Mareriterne hennes stoppet umiddelbart.

Handlingsplan – Visk ut merket

1. **Be Den Hellige Ånd** om å åpenbare eventuelle åndelige eller fysiske tegn i livet ditt.
2. **Omvend deg** for enhver personlig eller arvet involvering i ritualene som tillot dem.
3. **Påfør Jesu blod** over kroppen din – panne, hender, føtter.
4. **Bryt overvåkingsånder, sjelsbånd og juridiske rettigheter** knyttet til merker (se skriftsteder nedenfor).
5. **Fjern fysiske tatoveringer eller gjenstander** (som anvist) som er knyttet til mørke pakter.

Gruppesøknad – Rebranding i Kristus

- Spør gruppemedlemmene: Har du noen gang hatt et merke eller

drømt om å bli brennmerket?
- Led en bønn for **renselse og gjeninnvielse** til Kristus.
- Smør pannene med olje og erklær: «*Dere bærer nå Herren Jesu Kristi merke.*»
- Bryt av overvåkingsånder og omkode deres identitet i Kristus.

Verktøy for departementet:

- Olivenolje (velsignet for salving)
- Speil eller hvit klut (symbolsk vaskehandling)
- Nattverd (besegl den nye identiteten

Viktig innsikt

Det som er merket i ånden, **sees i ånden** – fjern det fienden brukte for å merke deg.

Refleksjonsjournal

- Har jeg noen gang sett rare merker, blåmerker eller symboler på kroppen min uten forklaring?
- Er det gjenstander, piercinger eller tatoveringer jeg må gi avkall på eller fjerne?
- Har jeg fullstendig inviet kroppen min på nytt som et tempel for Den hellige ånd?

Bønn om omprofilering

Herre Jesus , jeg gir avkall på ethvert merke, enhver pakt og enhver dedikasjon som er gjort i min kropp eller ånd utenfor Din vilje. Ved Ditt blod sletter jeg ethvert satanisk merke. Jeg erklærer at jeg er merket for Kristus alene. La Ditt eierskapssegl være over meg, og la enhver overvåkende ånd miste oversikten over meg nå. Jeg er ikke lenger synlig for mørket. Jeg vandrer fri – i Jesu navn, Amen.

DAG 15: SPEILRIKET — Å UNNSLIPPE REFLEKSJONENE

» *For nå ser vi i et speil, i et mørkt speil, men da ser vi ansikt til ansikt ...»* – 1. Korinterbrev 13:12

«De har øyne, men kan ikke se, ører, men kan ikke høre ...» – Salme 115:5–6

Det finnes et **speilrike** i åndeverdenen – et sted med *falske identiteter*, åndelig manipulasjon og mørke refleksjoner. Det mange ser i drømmer eller visjoner er kanskje ikke speil fra Gud, men verktøy for bedrag fra det mørke riket.

I det okkulte brukes speil til å **fange sjeler**, **overvåke liv** eller **overføre personligheter**. I noen befrielsesøkter rapporterer folk at de ser seg selv «leve» på et annet sted – inni et speil, på en skjerm eller bak et åndelig slør. Dette er ikke hallusinasjoner. De er ofte sataniske fengsler designet for å:

- Fragmenter sjelen
- Forsinke skjebnen
- Forvirre identitet
- Vert alternative åndelige tidslinjer

Målet? Å skape en *falsk versjon* av deg selv som lever under demonisk kontroll, mens ditt virkelige jeg lever i forvirring eller nederlag.

Globale uttrykk

- **Afrika** – Speilhekseri brukt av trollmenn for å overvåke, fange eller angripe.
- **Asia** – Sjamaner bruker vannskåler eller polerte steiner for å «se» og tilkalle ånder.
- **Europa** – Ritualer med svarte speil, nekromanti gjennom

refleksjoner.
- **Latin-Amerika** – Å granske obsidianspeil i aztekernes tradisjoner.
- **Nord-Amerika** – Speilportaler fra den nye tidsalderen, speilkikking for astralreiser.

Vitnesbyrd – «Jenta i speilet»
Maria fra Filippinene
Maria drømte om å være fanget i et rom fullt av speil. Hver gang hun gjorde fremskritt i livet, så hun en versjon av seg selv i speilet som trakk henne bakover. En natt under utfrielsen skrek hun og beskrev at hun så seg selv «gå ut av et speil» til frihet. Pastoren hennes smurte øynene hennes og ledet henne til å gi avkall på speilmanipulasjon. Siden den gang har hennes mentale klarhet, forretnings- og familieliv forandret seg.

David fra Skottland
David, en gang dypt oppslukt av new age-meditasjon, praktiserte «speilskyggearbeid». Over tid begynte han å høre stemmer og se seg selv gjøre ting han aldri hadde tenkt. Etter å ha tatt imot Kristus, brøt en befrielsesminister speilsjelens bånd og ba over sinnet hans. David rapporterte at han følte seg som en «tåke lettet» for første gang på flere år.

Handlingsplan – Bryt speilformelen

1. **Gi avkall på** all kjent eller ukjent befatning med speil brukt åndelig.
2. **Dekk til alle speil i hjemmet ditt** med et klede under bønn eller faste (hvis dette er ledet).
3. **Smør øynene og pannen din** – erklær at du nå bare ser det Gud ser.
4. **Bruk Skriften** til å erklære din identitet i Kristus, ikke i falsk refleksjon:
   - *Jesaja 43:1*
   - *2. Korinterbrev 5:17*
   - *Johannes 8:36*

GRUPPESØKNAD – GJENOPPRETTING av identitet

- Spør: Har du noen gang hatt drømmer om speil, dobbeltspill eller å bli sett på?
- Led en bønn om identitetsgjenoppretting – erklær frihet fra falske versjoner av selvet.
- Legg hendene på øynene (symbolsk eller i bønn) og be om klart syn.
- Bruk et speil i gruppen til å profetisk erklære: «*Jeg er den Gud sier jeg er. Ingenting annet.*»

Verktøy for departementet:

- Hvit klut (dekker symboler)
- Olivenolje til salving
- Guide til profetisk speilerklæring

Viktig innsikt

Fienden elsker å forvrenge hvordan du ser deg selv – fordi identiteten din er din tilgangspunkt til skjebnen.

Refleksjonsjournal

- Har jeg trodd på løgner om hvem jeg er?
- Har jeg noen gang deltatt i speilritualer eller ubevisst tillatt speilhekseri?
- Hva sier Gud om hvem jeg er?

Bønn om frihet fra speilriket

Far i himmelen, jeg bryter enhver pakt med speilverdenen – enhver mørk refleksjon, åndelig dobbeltgjennomgang og forfalsket tidslinje. Jeg gir avkall på alle falske identiteter. Jeg erklærer at jeg er den du sier jeg er. Ved Jesu blod trer jeg ut av refleksjonenes fengsel og inn i fylden av mitt formål. Fra i dag ser jeg med Åndens øyne – i sannhet og klarhet. I Jesu navn, Amen.

DAG 16: Å BRYTE FORBANNELSENE – Å GJENVINNE NAVNET DITT, DIN FREMTID

Død og liv er i tungens makt...» – Ordspråkene 18:21

«*Intet våpen som smides mot deg skal ha fremgang, og hver tunge som reiser seg mot deg til dom, skal du dømme...*» – Jesaja 54:17

Ord er ikke bare lyder – de er **åndelige beholdere** som bærer kraft til å velsigne eller binde. Mange mennesker går ubevisst under **vekten av forbannelser som er ytret** over dem av foreldre, lærere, åndelige ledere, eks-kjærester eller til og med sin egen munn.

Noen har hørt disse før:

- «Du vil aldri bli til noe.»
- «Du er akkurat som faren din – ubrukelig.»
- «Alt du berører mislykkes.»
- «Hvis jeg ikke kan få deg, så vil ingen få det.»
- «Du er forbannet ... se og se.»

Ord som disse, når de først er sagt i sinne, hat eller frykt – spesielt av noen med autoritet – kan bli en åndelig felle. Selv selvuttalte forbannelser som «*Jeg skulle ønske jeg aldri ble født*» eller «*Jeg kommer aldri til å gifte meg*» kan gi fienden juridisk grunnlag.

Globale uttrykk

- **Afrika** – Stammeforbannelser, foreldreforbannelser over opprør, markedsplassforbannelser.
- **Asia** – Karmabaserte orderklæringer, forfedreløfter uttalt over barn.
- **Latin-Amerika** – Brujeria (hekseri) forbannelser aktivert av talte

ord.
- **Europa** – Uttalte hekseri, familie-"profetier" som oppfyller seg selv.
- **Nord-Amerika** – Verbale overgrep, okkulte sanger, affirmasjoner om selvhat.

Enten de hviskes eller ropes, har forbannelser som uttales med følelser og tro vekt i ånden.

Vitnesbyrd – «Da moren min talte om døden»
Keisha (Jamaica)

Keisha vokste opp med å høre moren sin si: *«Du er grunnen til at livet mitt er ødelagt.»* Hver bursdag skjedde det noe vondt. Som 21-åring forsøkte hun selvmord, overbevist om at livet hennes ikke hadde noen verdi. Under en utfrielsestjeneste spurte presten: *«Hvem talte døden over livet ditt?»* Hun brøt sammen. Etter å ha gitt avkall på ordene og gitt slipp på tilgivelse, opplevde hun endelig glede. Nå lærer hun unge jenter hvordan de kan tale liv over seg selv.

Andrei (Romania)

Andreis lærer sa en gang: *«Du ender opp i fengsel eller dør før du fyller 25.»* Denne uttalelsen hjemsøkte ham. Han begikk kriminalitet, og som 24-åring ble han arrestert. I fengselet møtte han Kristus og innså forbannelsen han hadde gått med på. Han skrev et tilgivelsesbrev til læreren, rev i stykker alle løgnene som ble sagt mot ham og begynte å forkynne Guds løfter. Han leder nå en oppsøkende tjeneste i fengsler.

Handlingsplan – Snu forbannelsen

1. Skriv ned negative utsagn som er sagt mot deg – av andre eller deg selv.
2. I bønn, **avstå fra ethvert ordforbannelse** (si det høyt).
3. **Gi tilgivelse** til den som sa det.
4. **Tal Guds sannhet** over deg selv for å erstatte forbannelsen med velsignelse:
    - *Jeremia 29:11*
    - *5. Mosebok 28:13*
    - *Romerne 8:37*
    - *Salme 139:14*

Gruppesøknad – Ordens kraft

- Spør: Hvilke utsagn har formet identiteten din – på godt eller vondt?
- I grupper, bryt forbannelser høyt (med følsomhet), og si velsignelser i stedet.
- Bruk skriftstedskort – hver person leser høyt tre sannheter om sin identitet.
- Oppfordre medlemmene til å begynne et 7-dagers *velsignelsesdekret* over seg selv.

Verktøy for departementet:

- Flashkort med skriftidentitet
- Olivenolje til å salve munner (helliggjørende tale)
- Speilerklæringer – snakk sannheten over speilbildet ditt daglig

Viktig innsikt

Hvis en forbannelse ble uttalt, kan den brytes – og et nytt livsord kan bli uttalt i dens sted.

Refleksjonsjournal

- Hvem sine ord har formet min identitet?
- Har jeg forbannet meg selv av frykt, sinne eller skam?
- Hva sier Gud om fremtiden min?

Bønn for å bryte ordforbannelser

Herre Jesus, jeg fornekter enhver forbannelse som er uttalt over mitt liv – av familie, venner, lærere, elskere og til og med meg selv. Jeg tilgir enhver stemme som erklærte fiasko, avvisning eller død. Jeg bryter kraften i disse ordene nå, i Jesu navn. Jeg taler velsignelse, gunst og skjebne over mitt liv. Jeg er den Du sier jeg er – elsket, utvalgt, helbredet og fri. I Jesu navn. Amen.

DAG 17: BEFRIELSE FRA KONTROLL OG MANIPULERING

> *Hekseri er ikke alltid kapper og kjeler – noen ganger er det ord, følelser og usynlige bånd.*

«For opprør er som trolldomssynd, og gjenstridighet er som misgjerning og avgudsdyrkelse.»
– *1. Samuelsbok 15:23*

Hekseri finnes ikke bare i helligdommer. Det bærer ofte et smil og manipulerer gjennom skyldfølelse, trusler, smiger eller frykt. Bibelen likestiller opprør – spesielt opprøret som utøver ugudelig kontroll over andre – med hekseri. Hver gang vi bruker emosjonelt, psykologisk eller åndelig press for å dominere en annens vilje, beveger vi oss i farlig territorium.

Globale manifestasjoner

- **Afrika** – Mødre som forbanner barn i sinne, elskere som binder andre gjennom «juju» eller kjærlighetsdrikker, åndelige ledere som skremmer tilhengere.
- **Asia** – Guru-kontroll over disipler, foreldreutpressing i arrangerte ekteskap, manipulasjoner av energisnorer.
- **Europa** – Frimurereder som kontrollerer generasjonsatferd, religiøs skyld og dominans.
- **Latin-Amerika** – Brujería (hekseri) brukt for å holde partnere tilbake, emosjonell utpressing forankret i familieforbannelser.
- **Nord-Amerika** – Narsissistisk foreldrerollen, manipulerende lederskap maskert som «åndelig tildekking», fryktbasert profeti.

Hekseriets stemme hvisker ofte: *«Hvis du ikke gjør dette, vil du miste meg, miste Guds gunst eller lide.»*

Men sann kjærlighet manipulerer aldri. Guds stemme bringer alltid fred, klarhet og valgfrihet.

Den virkelige historien – Å bryte den usynlige båndet

Grace fra Canada var dypt involvert i en profetisk tjeneste der lederen begynte å diktere hvem hun kunne date, hvor hun kunne bo, og til og med hvordan hun skulle be. Først føltes det åndelig, men over tid følte hun seg som en fange av hans meninger. Hver gang hun prøvde å ta en uavhengig avgjørelse, fikk hun beskjed om at hun «gjorde opprør mot Gud». Etter et sammenbrudd og lesing av *Greater Exploits 14*, innså hun at dette var karismatisk hekseri – kontroll forkledd som profeti.

Grace ga avkall på sjelebåndet til sin åndelige leder, angret for sin egen godkjennelse av manipulasjon og ble med i et lokalsamfunn for helbredelse. I dag er hun hel og hjelper andre med å komme ut av religiøs mishandling.

Handlingsplan – Å forstå hekseri i forhold

1. Spør deg selv: *Føler jeg meg fri rundt denne personen, eller er jeg redd for å skuffe dem?*
2. List opp forhold der skyldfølelse, trusler eller smiger brukes som kontrollverktøy.
3. Gi avkall på alle emosjonelle, åndelige eller sjelsmessige bånd som får deg til å føle deg dominert eller stemmeløs.
4. Be høyt om å bryte alle manipulerende bånd i livet ditt.

Skriftverktøy

- **1. Samuelsbok 15:23** – Opprør og hekseri
- **Galaterne 5:1** – «Stå fast ... la dere ikke igjen tynge av slaveriet.»
- **2. Korinterbrev 3:17** – «Der Herrens Ånd er, der er det frihet.»
- **Mika 3:5-7** – Falske profeter bruker trusler og bestikkelser

Gruppediskusjon og søknad

- Del (anonymt om nødvendig) en gang du følte deg åndelig eller følelsesmessig manipulert.
- Rollespill en «sannhetsfortellende» bønn – slipp kontrollen over

andre og ta tilbake viljen din.
- La medlemmene skrive brev (virkelige eller symbolske) der de bryter båndene med kontrollerende personer og erklærer frihet i Kristus.

Verktøy for departementet:

- Koble sammen befrielsespartnere.
- Bruk salvingsolje til å erklære frihet over sinn og vilje.
- Bruk nattverd til å gjenopprette pakten med Kristus som den *eneste sanne dekning*.

Viktig innsikt

Der manipulasjon lever, trives hekseri. Men der Guds Ånd er, der er det frihet.

Refleksjonsjournal

- Hvem eller hva har jeg latt kontrollere stemmen, viljen eller retningen min?
- Har jeg noen gang brukt frykt eller smiger for å få det jeg vil?
- Hvilke skritt vil jeg ta i dag for å vandre i Kristi frihet?

Bønn om befrielse

Himmelske Far, jeg avsier enhver form for emosjonell, åndelig og psykologisk manipulasjon som opererer i eller rundt meg. Jeg kutter av ethvert sjelsbånd som er forankret i frykt, skyldfølelse og kontroll. Jeg bryter meg fri fra opprør, dominans og trusler. Jeg erklærer at jeg alene ledes av din Ånd. Jeg mottar nåde til å vandre i kjærlighet, sannhet og frihet. I Jesu navn. Amen.

DAG 18: Å BRYTE MAKTEN AV UTILFØLELSE OG BITTERHET

> *Utilgivelse er som å drikke gift og forvente at den andre personen skal dø.»*

«Se til at ingen bitter rot vokser opp og forårsaker uorden og gjør mange urene.»
– Hebreerne 12:15

Bitterhet er en stille ødelegger. Den kan begynne med smerte – et svik, en løgn, et tap – men når den ikke kontrolleres, ulmer den til utilgivelse, og til slutt til en rot som forgifter alt.

Utilgivelse åpner døren for plagende ånder (Matteus 18:34). Det formørker dømmekraften, hindrer helbredelse, kveler bønnene dine og blokkerer strømmen av Guds kraft.

Befrielse handler ikke bare om å drive ut demoner – det handler om å frigjøre det du har holdt inni deg.

GLOBALE UTTRYKK FOR bitterhet

- **Afrika** – Stammekriger, politisk vold og familiesvik gikk i arv fra generasjon til generasjon.
- **Asia** – Vanære mellom foreldre og barn, kastebaserte sår, religiøse svik.
- **Europa** – Generasjonsstillhet om overgrep, bitterhet over skilsmisse eller utroskap.
- **Latin-Amerika** – Sår fra korrupte institusjoner, avvisninger fra familien, åndelig manipulasjon.
- **Nord-Amerika** – Kirkeskadelige hendelser, rasetraumer, fraværende

fedre, urettferdighet på arbeidsplassen.

Bitterhet roper ikke alltid. Noen ganger hvisker den: «Jeg vil aldri glemme hva de gjorde.»

Men Gud sier: *La det gå – ikke fordi de fortjener det, men fordi **du** gjør det.*

Den virkelige historien – kvinnen som ikke ville tilgi

Maria fra Brasil var 45 år da hun først kom for å bli utfridd. Hver natt drømte hun om å bli kvalt. Hun hadde magesår, høyt blodtrykk og depresjon. Under behandlingen ble det avslørt at hun hadde næret hat mot faren sin, som misbrukte henne som barn – og senere forlot familien.

Hun hadde blitt kristen, men hadde aldri tilgitt ham.

Mens hun gråt og slapp ham løs for Gud, fikk kroppen hennes krampetrekninger – noe gikk i stykker. Den natten sov hun fredelig for første gang på 20 år. To måneder senere begynte helsen hennes å bli drastisk bedre. Hun deler nå historien sin som helbredelsescoach for kvinner.

Handlingsplan – Å trekke ut den bitre roten

1. **Navngi det** – Skriv ned navnene på de som har såret deg – til og med deg selv eller Gud (hvis du i hemmelighet har vært sint på Ham).
2. **Slipp det** – Si høyt: *«Jeg velger å tilgi [navn] for [spesifikk forseelse]. Jeg slipper dem fri og frigjør meg selv.»*
3. **Brenn det** – Hvis det er trygt å gjøre det, brenn eller makuler papiret som en profetisk befrielseshandling.
4. **Be om velsignelse** over de som har gjort deg urett – selv om følelsene dine gjør motstand. Dette er åndelig krigføring.

Skriftverktøy

- *Matteus 18:21–35* – Lignelsen om den uforsonlige tjeneren
- *Hebreerne 12:15* – Bitre røtter gjør mange urene
- *Markus 11:25* – Tilgi, så deres bønner ikke blir hindret
- *Romerne 12:19–21* – Overlat hevnen til Gud

GRUPPESØKNAD OG TJENESTE

- Be hver person (privat eller skriftlig) om å navngi noen de sliter med å tilgi.
- Del dere inn i bønnegrupper for å gå gjennom tilgivelsesprosessen ved hjelp av bønnen nedenfor.
- Led en profetisk «brenningsseremoni» der skriftlige fornærmelser blir ødelagt og erstattet med erklæringer om helbredelse.

Verktøy for departementet:

- Tilgivelseserklæringskort
- Myk instrumentalmusikk eller gjennomvåt tilbedelse
- Gledens olje (til salving etter frigjøring)

Viktig innsikt

Utilgivelse er en port fienden utnytter. Tilgivelse er et sverd som kutter over trelldommens bånd.

Refleksjonsjournal

- Hvem trenger jeg å tilgi i dag?
- Har jeg tilgitt meg selv – eller straffer jeg meg selv for tidligere feil?
- Tror jeg at Gud kan gjenopprette det jeg mistet gjennom svik eller fornærmelse?

Bønn om frigjøring

Herre Jesus, jeg kommer frem for deg med min smerte, sinne og minner. Jeg velger i dag – i tro – å tilgi alle som har såret, misbrukt, forrådt eller avvist meg. Jeg lar dem gå. Jeg befrir dem fra dommen og jeg befrir meg selv fra bitterhet. Jeg ber deg om å lege hvert sår og fylle meg med din fred. I Jesu navn. Amen.

DAG 19: HELBREDELSE FRA SKAM OG FORDØMMELSE

> *Skam sier: «Jeg er ond.» Fordømmelse sier: «Jeg blir aldri fri.» Men Jesus sier: «Du er min, og jeg har gjort deg ny.»»*

«De som ser hen til ham, stråler; deres ansikter dekker aldri skam.»
– *Salme 34:5*

Skam er ikke bare en følelse – det er fiendens strategi. Det er kappen han svøper rundt de som har falt, mislyktes eller blitt krenket. Den sier: «Du kan ikke komme nær Gud. Du er for skitten. For skadet. For skyldig.»

Men fordømmelse er en **løgn** – for i Kristus **er det ingen fordømmelse** (Romerne 8:1).

Mange som søker befrielse blir stående fast fordi de tror de **ikke er verdige friheten**. De bærer skyldfølelse som et merke og spiller om sine verste feil som en ødelagt plate.

Jesus betalte ikke bare for dine synder – han betalte for din skam.

Globale ansikter av skam

- **Afrika** – Kulturelle tabuer rundt voldtekt, ufruktbarhet, barnløshet eller manglende ekteskap.
- **Asia** – Vanærebasert skam fra familieforventninger eller religiøst avhopp.
- **Latin-Amerika** – Skyldfølelse etter aborter, okkult involvering eller familieskam.
- **Europa** – Skjult skam fra hemmelige synder, overgrep eller psykiske helseproblemer.
- **Nord-Amerika** – Skam fra avhengighet, skilsmisse, pornografi eller identitetsforvirring.

Skam trives i stillhet – men den dør i lyset av Guds kjærlighet.

Sann historie – et nytt navn etter abort

Jasmine fra USA hadde tre aborter før hun kom til Kristus. Selv om hun var frelst, kunne hun ikke tilgi seg selv. Hver morsdag føltes som en forbannelse. Når folk snakket om barn eller foreldrerollen, følte hun seg usynlig – og enda verre, uverdig.

Under et kvinneretreat hørte hun et budskap om Jesaja 61 – «i stedet for skam, en dobbel del.» Hun gråt. Den natten skrev hun brev til sine ufødte barn, omvendte seg igjen for Herren og fikk et syn av Jesus som ga henne nye navn: *«Elskede»*, *«Mor»*, *«Gjenopprettet»*.

Hun tjener nå kvinner som har hatt abort og hjelper dem med å gjenvinne sin identitet i Kristus.

Handlingsplan – Tre ut av skyggene

1. **Navngi skammen** – Skriv ned hva du har skjult eller følt deg skyldig for.
2. **Innrøm løgnen** – Skriv ned anklagene du har trodd på (f.eks. «Jeg er skitten», «Jeg er diskvalifisert»).
3. **Erstatt med Sannhet** – Forkynn Guds Ord høyt over deg selv (se skriftstedene nedenfor).
4. **Profetisk handling** – Skriv ordet «SKAM» på et ark, og riv eller brenn det. Erklær: *«Jeg er ikke lenger bundet av dette!»*

Skriftverktøy

- *Romerne 8:1–2* – Ingen fordømmelse i Kristus
- *Jesaja 61:7* – Dobbel del for skam
- *Salme 34:5* – Strålende lys i hans nærvær
- *Hebreerne 4:16* – Frimodig tilgang til Guds trone
- *Sefanja 3:19–20* – Gud fjerner skam blant nasjonene

Gruppesøknad og tjeneste

- Be deltakerne skrive anonyme skamutsagn (f.eks. «Jeg tok abort», «Jeg ble misbrukt», «Jeg begikk bedrageri») og legg dem i en forseglet eske.
- Les Jesaja 61 høyt, og led deretter en bønn for utveksling – sorg for glede, aske for skjønnhet, skam for ære.
- Spill lovsangsmusikk som vektlegger identitet i Kristus.
- Tal profetiske ord over personer som er klare til å gi slipp.

Verktøy for departementet:

- Identitetserklæringskort
- Salvingsolje
- Lovsangsspilleliste med sanger som «You Say» (Lauren Daigle), «No Longer Slaves» eller «Who You Say I Am»

Viktig innsikt
Skam er en tyv. Den stjeler stemmen din, gleden din og autoriteten din. Jesus tilga ikke bare syndene dine – han fratok skammen dens kraft.

Refleksjonsjournal

- Hva er det tidligste minnet om skam jeg kan huske?
- Hvilken løgn har jeg trodd om meg selv?
- Er jeg klar til å se meg selv slik Gud ser meg – ren, strålende og utvalgt?

Helbredelsens bønn
Herre Jesus, jeg bringer deg min skam, min skjulte smerte og hver eneste fordømmende stemme. Jeg angrer på at jeg er enig i fiendens løgner om hvem jeg er. Jeg velger å tro på det du sier – at jeg er tilgitt, elsket og fornyet. Jeg mottar din rettferdighets kappe og går inn i friheten. Jeg går ut av skam og inn i din herlighet. I Jesu navn, Amen.

DAG 20: HJEMMETS HEKSKRAFTER – NÅR MØRKET BOR UNDER SAMME TAK

> *Ikke alle fiender er utenfor. Noen har kjente ansikter.»*
> «En manns husstand skal være hans fiender.»
> – *Matteus 10:36*

Noen av de heftigste åndelige kampene utkjempes ikke i skoger eller helligdommer – men på soverom, kjøkken og familiealtere.

Husholdningshekseri refererer til demoniske operasjoner som stammer fra ens familie – foreldre, ektefeller, søsken, huspersonale eller utvidede slektninger – gjennom misunnelse, okkult praksis, forfedres altere eller direkte åndelig manipulasjon.

Befrielse blir kompleks når de involverte er **de vi elsker eller lever sammen med.**

Globale eksempler på hekseri i hjemmet

- **Afrika** – En sjalu stemor sender forbannelser gjennom mat; en søsken påkaller ånder mot en mer suksessfull bror.
- **India og Nepal** – Mødre vier barn til guddommer ved fødselen; hjemmealtre brukes til å kontrollere skjebner.
- **Latin-Amerika** – Brujeria eller Santeria praktisert i hemmelighet av slektninger for å manipulere ektefeller eller barn.
- **Europa** – Skjult frimureri eller okkulte eder i familielinjer; psykiske eller spiritualistiske tradisjoner som er blitt videreført.
- **Nord-Amerika** – Wicca- eller new age-foreldre «velsigner» barna sine med krystaller, energirensing eller tarot.

Disse maktene kan gjemme seg bak familiekjærlighet, men målet deres er kontroll, stagnasjon, sykdom og åndelig trelldom.

Sann historie – Min far, landsbyens profet

En kvinne fra Vest-Afrika vokste opp i et hjem der faren hennes var en høyt respektert landsbyprofet. For utenforstående var han en åndelig veileder. Bak lukkede dører begravde han amuletter på eiendommen og ofret på vegne av familier som søkte gunst eller hevn.

Merkelige mønstre dukket opp i livet hennes: gjentatte mareritt, mislykkede forhold og uforklarlig sykdom. Da hun ga livet sitt til Kristus, vendte faren seg mot henne og erklærte at hun aldri ville lykkes uten hans hjelp. Livet hennes gikk i spiral i årevis.

Etter måneder med midnattsbønner og faste, ledet Den Hellige Ånd henne til å gi avkall på ethvert sjelebånd med farens okkulte kappe. Hun begravde skrifter i veggene sine, brente gamle symboler og salvet terskelen sin daglig. Sakte, men sikkert begynte gjennombruddene: helsen hennes kom tilbake, drømmene hennes ble oppklart, og hun giftet seg endelig. Nå hjelper hun andre kvinner som står overfor husaltre.

Handlingsplan – Konfrontere den velkjente ånden

1. **Skille uten vanære** – Be Gud om å åpenbare skjulte krefter uten hat.
2. **Bryt sjelske avtaler** – Gi avkall på ethvert åndelig bånd som er knyttet gjennom ritualer, altere eller uttalte eder.
3. **Åndelig atskilt** – Selv om du bor i samme hus, kan du **koble fra åndelig** gjennom bønn.
4. **Helliggjør rommet ditt** – Salv hvert rom, hver gjenstand og hver terskel med olje og skriftsteder.

Skriftverktøy

- *Mika 7:5–7* – Stol ikke på en neste
- *Salme 27:10* – «Om far og mor forlater meg ...»
- *Lukas 14:26* – Elsk Kristus mer enn familien
- *2. Kongebok 11:1–3* – Skjult utfrielse fra en morderisk dronningmor
- *Jesaja 54:17* – Intet våpen som smides skal ha fremgang

Gruppesøknad

- Del erfaringer der motstand kom innenfra familien.
- Be om visdom, frimodighet og kjærlighet når vi møter motstand i hjemmet.
- Led en bønn om avskjed fra ethvert sjelebånd eller uttalt forbannelse fra slektninger.

Verktøy for departementet:

- Salvingsolje
- Tilgivelseserklæringer
- Bønner om paktsløslatelse
- Salme 91 bønn omslag

Viktig innsikt

Blodslinjen kan være en velsignelse eller en slagmark. Du er kalt til å forløse den, ikke bli styrt av den.

Refleksjonsjournal

- Har jeg noen gang møtt åndelig motstand fra noen jeg har nær meg?
- Er det noen jeg trenger å tilgi – selv om de fortsatt driver med hekseri?
- Er jeg villig til å bli satt av, selv om det koster meg forhold?

Bønn om separasjon og beskyttelse

Far, jeg erkjenner at den største motstanden kan komme fra de som står meg nærmest. Jeg tilgir ethvert husstandsmedlem som bevisst eller ubevisst motarbeider min skjebne. Jeg bryter alle sjelsbånd, forbannelser og pakter inngått gjennom min familielinje som ikke er i samsvar med ditt rike. Ved Jesu blod helliggjør jeg mitt hjem og erklærer: Jeg og mitt hus skal tjene Herren. Amen.

DAG 21: JESEBEL-ÅNDEN – FORFØRELSE, KONTROLL OG RELIGIØS MANIPULASJON

» *Men jeg har dette imot deg: Du tolererer kvinnen Jesabel, som kaller seg profetinne. Hun villeder med sin lære ...»* – Åpenbaringen 2:20
«*Hun skal få en brått slutt, uten botemiddel.*» – Ordspråkene 6:15
Noen ånder roper utenfra.
Jesabel hvisker innenfra.
Hun frister ikke bare – hun **tilraner seg, manipulerer og korrumperer**, og etterlater tjenester knust, ekteskap kvalt og nasjoner forført av opprør.
Hva er Jesabels ånd?
Jesabels ånd:

- Etterligner profetier for å villede
- Bruker sjarm og forførelse for å kontrollere
- Hater sann autoritet og bringer profeter til taushet
- Maskerer stolthet bak falsk ydmykhet
- Ofte knyttet til lederskap eller de som står det nært

Denne ånden kan virke gjennom **menn eller kvinner**, og den trives der ukontrollert makt, ambisjon eller avvisning ikke blir helbredet.
Globale manifestasjoner

- **Afrika** – Falske profetinner som manipulerer altere og krever lojalitet med frykt.
- **Asia** – Religiøse mystikere blander forføring med visjoner for å dominere åndelige kretser.
- **Europa** – Gamle gudinnekulter gjenopplivet i New Age-praksiser

under navnet myndiggjøring.
- **Latin-Amerika** – Santeria-prestinner utøver kontroll over familier gjennom «åndelig veiledning».
- **Nord-Amerika** – Influencere på sosiale medier som fremmer «guddommelig femininitet» samtidig som de håner bibelsk underkastelse, autoritet eller renhet.

Den virkelige historien: *Jesabel som satt på alteret*

I en karibisk nasjon begynte en kirke i brann for Gud å svekkes – sakte, subtilt. Forbønnsgruppen som en gang møttes til midnattsbønner begynte å spres. Ungdomsarbeidet havnet i skandale. Ekteskap i kirken begynte å mislykkes, og den en gang så ildfulle pastoren ble ubesluttsom og åndelig sliten.

I sentrum av det hele sto en kvinne – **søster R.** Vakker, karismatisk og generøs, hun ble beundret av mange. Hun hadde alltid et «ord fra Herren» og en drøm om alles skjebne. Hun ga sjenerøst til kirkeprosjekter og fikk en plass nær pastoren.

Bak kulissene **baktalte hun subtilt andre kvinner**, forførte en juniorpastor og sådde splittelse. Hun posisjonerte seg som en åndelig autoritet samtidig som hun i stillhet undergravde det faktiske lederskapet.

En natt hadde en tenåringsjente i kirken en levende drøm – hun så en slange kveilet under prekestolen, som hvisket inn i mikrofonen. Skrekkslagen delte hun den med moren sin, som tok den med til pastoren.

Ledelsen bestemte seg for å gå på en **tredagers faste** for å søke Guds veiledning. På den tredje dagen, under en bønnestund, begynte søster R å manifestere seg voldsomt. Hun hveste, skrek og anklaget andre for hekseri. En kraftig befrielse fulgte, og hun tilsto: hun hadde blitt innviet i en åndelig orden i slutten av tenårene, med oppgave å **infiltrere kirker for å «stjele ilden deres».**

Hun hadde allerede vært i **fem kirker** før denne. Våpenet hennes var ikke høylytt – det var **smiger, forførelse, emosjonell kontroll** og profetisk manipulasjon.

I dag har kirken gjenoppbygd alteret sitt. Prekestolen er innviet på nytt. Og den unge tenåringsjenta? Hun er nå en ivrig evangelist som leder en kvinnelig bønnebevegelse.

Handlingsplan – Hvordan konfrontere Jesabel

1. **Angre** enhver måte du har samarbeidet med manipulasjon, seksuell kontroll eller åndelig stolthet på.
2. **Forstå** Jesabels trekk – smiger, opprør, forførelse, falsk profeti.
3. **Bryt sjelebånd** og vanhellige allianser i bønn – spesielt med alle som trekker deg bort fra Guds stemme.
4. **Erklær din autoritet** i Kristus. Jesabel frykter dem som vet hvem de er.

Skrift-arsenal:

- 1 Kongebok 18–21 – Jesabel mot Elia
- Åpenbaringen 2:18–29 – Kristi advarsel til Tyatira
- Ordspråkene 6:16–19 – Det Gud hater
- Galaterne 5:19–21 – Kjødets gjerninger

Gruppesøknad

- Diskuter: Har du noen gang vært vitne til åndelig manipulasjon? Hvordan forkledde den seg?
- Erklær som gruppe en «ingen toleranse»-policy for Jesabel – i kirken, hjemmet eller lederskapet.
- Om nødvendig, gjennomgå en **befrielsesbønn** eller faste for å bryte hennes innflytelse.
- Gjeninnvie ethvert tjeneste eller alter som har blitt kompromittert.

Verktøy for tjenesten:
Bruk salvingsolje. Skap rom for bekjennelse og tilgivelse. Syng lovsanger som forkynner **Jesu herredømme.**

Viktig innsikt
Jesabel trives der **dømmekraften er lav** og **toleransen høy** . Hennes regjeringstid slutter når åndelig autoritet våkner.

Refleksjonsjournal

- Har jeg latt manipulasjon lede meg?
- Finnes det personer eller påvirkninger jeg har opphøyet over Guds

stemme?
- Har jeg stilnet min profetiske stemme av frykt eller kontroll?

Bønn om befrielse

Herre Jesus, jeg fornekter enhver allianse med Jesabels ånd. Jeg avviser forførelse, kontroll, falsk profeti og manipulasjon. Rens mitt hjerte for stolthet, frykt og kompromiss. Jeg tar tilbake min autoritet. La hvert alter Jesabel har bygget i mitt liv bli revet ned. Jeg setter deg på tronen, Jesus, som Herre over mine forhold, kall og tjeneste. Fyll meg med dømmekraft og frimodighet. I ditt navn, Amen.

DAG 22: PYTONER OG BØNNER — Å BRYTE INNSNEVNINGENS ÅND

> *En gang vi var på vei til bønnestedet, møtte vi en tjenestepike som hadde en pytonånd ...»* – Apostlenes gjerninger 16:16
>
> *«På løve og huggorm skal du trå kke ...»* – Salme 91:13

Det finnes en ånd som ikke biter – den **klemmer**.

Den kveler ilden din. Den slynger seg rundt bønnelivet ditt, pusten din, tilbedelsen din, disiplinen din – helt til du begynner å gi opp det som en gang ga deg styrke.

Pythons ånd – en demonisk kraft som **hemmer åndelig vekst, forsinker skjebnen, kveler bønn og forfalsker profetier**.

Globale manifestasjoner

- **Afrika** – Pytonslangen fremstår som en falsk profetisk kraft, og opererer i marine og skoghelligdommer.
- **Asia** – Slangeånder ble tilbedt som guddommer som må mates eller blidgjøres.
- **Latin-Amerika** – Santeria-slangealtere brukt til rikdom, begjær og makt.
- **Europa** – Slangesymboler i hekseri, spådom og psykiske kretser.
- **Nord-Amerika** – Falske «profetiske» stemmer forankret i opprør og åndelig forvirring.

Vitnesbyrd: *Jenta som ikke fikk puste*

Marisol fra Colombia begynte å bli kortpustet hver gang hun knelte for å be. Brystet hennes snørte seg sammen. Drømmene hennes var fylt med bilder av slanger som kveilet seg rundt halsen hennes eller hvilte under sengen. Legene fant ingenting medisinsk galt.

En dag innrømmet bestemoren hennes at Marisol som barn hadde vært «dedikert» til en fjellånd som var kjent for å fremstå som en slange. Det var en **«beskyttende ånd»**, men det kom med en pris.

Under et befrielsesmøte begynte Marisol å skrike voldsomt da hender ble lagt på henne. Hun kjente noe bevege seg i magen, opp i brystet og deretter ut av munnen som om luft ble presset ut.

Etter det møtet tok det slutt på pustevanskene. Drømmene hennes forandret seg. Hun begynte å lede bønnemøter – nettopp det fienden en gang prøvde å kvele ut av henne.

Tegn på at du kan være påvirket av Python-ånden

- Tretthet og tyngde når du prøver å be eller tilbe
- Profetisk forvirring eller bedrageske drømmer
- Konstante følelser av å være kvalt, blokkert eller bundet
- Depresjon eller fortvilelse uten klar årsak
- Tap av åndelig lyst eller motivasjon

Handlingsplan – Bryte innsnevringer

1. **Omvend deg** fra enhver okkult, psykisk eller forfedres involvering.
2. **Erklær din kropp og ånd som Guds alene.**
3. **Faste og krig** ved å bruke Jesaja 27:1 og Salme 91:13.
4. **Salv din hals, bryst og føtter** – og krev frihet til å tale, puste og vandre i sannhet.

Skriftsteder om befrielse:

- Apostlenes gjerninger 16:16–18 – Paulus driver ut pytonånden
- Jesaja 27:1 – Gud straffer Levjatan, den flyktende slangen
- Salme 91 – Beskyttelse og autoritet
- Lukas 10:19 – Makt til å trampe på slanger og skorpioner

GRUPPESØKNAD

- Spør: Hva kveler vårt bønneliv – personlig og felles?
- Led en gruppebønn for å puste – erklær **Guds pust** (Ruach) over hvert medlem.
- Bryt enhver falsk profetisk innflytelse eller slangelignende press i tilbedelse og forbønn.

Verktøy for tjenesten: Tilbedelse med fløyter eller pusteinstrumenter, symbolsk klipping av tau, bønneskjerf for å puste frihet.

Viktig innsikt

Pytonånden kveler det Gud ønsker skal føde. Den må konfronteres for å gjenvinne pusten og frimodigheten din.

Refleksjonsjournal

- Når følte jeg meg sist helt fri i bønn?
- Finnes det tegn på åndelig utmattelse som jeg har ignorert?
- Har jeg uvitende tatt imot «åndelig råd» som har ført til mer forvirring?

Bønn om befrielse

Far, i Jesu navn bryter jeg enhver snerpende ånd som er tildelt for å kvele mitt formål. Jeg fornekter pytonslangens ånd og alle falske profetiske stemmer. Jeg mottar din Ånds pust og erklærer: Jeg skal puste fritt, be frimodig og vandre oppreist. Hver slange som kveiler seg rundt mitt liv er avskåret og kastet ut. Jeg mottar befrielse nå. Amen.

DAG 23: UNNSKAPSTRONER — Å RIVE NEDLØP AV TERRITORIALE FESTNINGER

> *Skal urettferdighetens trone, som uttenker ondskap ved lov, ha fellesskap med deg?»* – Salme 94:20

«Vi har ikke kamp mot kjøtt og blod, men mot ... mørkets herskere ...» – Efeserne 6:12

Det finnes usynlige **troner** – etablert i byer, nasjoner, familier og systemer – hvor demoniske makter **hersker lovlig** gjennom pakter, lovgivning, avgudsdyrkelse og langvarig opprør.

Dette er ikke tilfeldige angrep. Dette er **tronende myndigheter**, dypt forankret i strukturer som viderefører ondskap gjennom generasjoner.

Inntil disse tronene blir **demontert åndelig**, vil mørkets sykluser vedvare – uansett hvor mye bønn som blir fremsagt på overflaten.

Globale festninger og troner

- **Afrika** – Heksetroner i kongelige blodslinjer og tradisjonelle råd.
- **Europa** – Troner for sekularisme, frimureri og legalisert opprør.
- **Asia** – Avgudsdyrkelsens troner i forfedrenes templer og politiske dynastier.
- **Latin-Amerika** – Troner av narkotika-terror, dødskulter og korrupsjon.
- **Nord-Amerika** – Troner av perversjon, abort og rasemessig undertrykkelse.

Disse tronene påvirker avgjørelser, undertrykker sannheten og **fortærer skjebner**.

Vitnesbyrd: *Befrielsen av et byrådsmedlem*

I en by i det sørlige Afrika oppdaget et nyvalgt kristent bystyremedlem at alle embetsmenn før ham enten hadde blitt gale, skilt seg eller dødd plutselig.

Etter flere dagers bønn åpenbarte Herren en **blodoffertrone** begravd under kommunebygningen. En lokal seer hadde for lenge siden plantet amuletter som en del av et territorielt krav.

Rådsmedlemmet samlet forbedere, fastet og holdt gudstjeneste ved midnatt inne i rådssalen. I løpet av tre netter rapporterte ansatte om merkelige skrik i veggene, og strømmen blafret.

Innen en uke begynte tilståelsene. Korrupte kontrakter ble avslørt, og i løpet av måneder ble offentlige tjenester bedre. Tronen hadde falt.

Handlingsplan – Avsette mørket

1. **Identifiser tronen** – be Herren om å vise deg territoriale festninger i din by, ditt embete, din blodslinje eller din region.
2. **Omvend deg på vegne av landet** (forbønn i Daniels bok 9).
3. **Tilbe strategisk** – troner smuldrer når Guds herlighet tar over (se 2 Krøn 20).
4. **Forkynn Jesu navn** som den eneste sanne Kongen over dette riket.

Ankerskrifter:

- Salme 94:20 – Urettferdighetens troner
- Efeserne 6:12 – Herskere og myndigheter
- Jesaja 28:6 – Rettferdighetens Ånd for dem som tar til krig
- 2 Kongebok 23 – Josia ødelegger avgudsdyrkende altere og troner

GRUPPEENGASJEMENT

- Gjennomfør en «åndelig kart»-økt over nabolaget eller byen din.
- Spør: Hva er syklusene av synd, smerte eller undertrykkelse her?
- Utnevn «vaktmenn» til å be ukentlig ved viktige portsteder: skoler, domstoler, markeder.
- Ledergruppen avsier befalinger mot åndelige herskere ved bruk av Salme 149:5–9.

Verktøy for tjenesten: Shofarer, bykart, olivenolje til innvielse av bakken, guider til bønn og vandring.

Viktig innsikt

Hvis du ønsker å se forvandling i byen din, **må du utfordre tronen bak systemet** – ikke bare ansiktet foran det.

Refleksjonsjournal

- Finnes det tilbakevendende kamper i byen eller familien min som føles større enn meg?
- Har jeg arvet en kamp mot en trone jeg ikke bestigde?
- Hvilke «herskere» må avsettes i bønn?

Krigens bønn

Herre, avslør hver eneste urettferdighetens trone som hersker over mitt territorium. Jeg erklærer Jesu navn som den eneste Konge! La hvert skjult alter, lov, pakt eller makt som håndhever mørke bli spredt av ild. Jeg tar min plass som en forbønn. Ved Lammets blod og mitt vitnesbyrds ord river jeg ned troner og setter Kristus på tronen over mitt hjem, min by og min nasjon. I Jesu navn. Amen.

DAG 24: SJELFRAGMENTER – NÅR DELER AV DEG MANGLER

« *Han gir min sjel ny styrke ...»* – Salme 23:3
«Jeg vil lege dine sår, sier Herren, for du kalles en utstøtt ...» – Jeremia 30:17

Traumer har en tendens til å knuse sjelen. Mishandling. Avvisning. Svik. Plutselig frykt. Langvarig sorg. Disse opplevelsene etterlater ikke bare minner – de **knuser ditt indre menneske**.

Mange mennesker går rundt og ser hele ut, men lever med **mangler i deler av seg selv**. Gleden deres er splintret. Identiteten deres er spredt. De er fanget i emosjonelle tidssoner – deler av dem sitter fast i en smertefull fortid, mens kroppen fortsetter å eldes fremover.

Dette er **sjelefragmenter** – deler av ditt emosjonelle, psykologiske og åndelige jeg som er brukket av på grunn av traumer, demonisk innblanding eller heksemanipulasjon.

Inntil disse bitene er samlet, leget og reintegrert gjennom Jesus, **forblir sann frihet unnvikende**.

Globale sjeletyveripraksiser

- **Afrika** – Heksedoktorer som fanger folks «essens» i krukker eller speil.
- **Asia** – Sjelefangstritualer av guruer eller tantriske utøvere.
- **Latin-Amerika** – Sjamanistisk sjelesplitting for kontroll eller forbannelser.
- **Europa** – Okkult speilmagi brukt til å sprekke identitet eller stjele gunst.
- **Nord-Amerika** – Traumer fra overgrep, abort eller identitetsforvirring skaper ofte dype sjelsår og fragmentering.

Historie: *Jenta som ikke kunne føle*
Andrea, en 25-åring fra Spania, hadde utholdt årevis av overgrep fra et familiemedlem. Selv om hun hadde tatt imot Jesus, forble hun følelsesmessig nummen. Hun klarte ikke å gråte, elske eller føle empati.

En besøkende prest stilte henne et merkelig spørsmål: «Hvor forlot du gleden din?» Mens Andrea lukket øynene, husket hun at hun var ni år gammel, sammenkrøpet i et skap og sa til seg selv: «Jeg kommer aldri til å føle det igjen.»

De ba sammen. Andrea tilga, ga avkall på indre løfter og inviterte Jesus inn i det spesifikke minnet. Hun gråt ukontrollert for første gang på flere år. Den dagen **ble sjelen hennes gjenopprettet**.

Handlingsplan – Sjelegjenfinning og helbredelse

1. Spør Den hellige ånd: *Hvor mistet jeg en del av meg selv?*
2. Tilgi alle som var involvert i det øyeblikket, og **gi avkall på indre løfter** som «Jeg vil aldri stole på igjen».
3. Inviter Jesus inn i minnet, og tal helbredelse inn i det øyeblikket.
4. Be: «*Herre, gjenopprett min sjel. Jeg kaller hvert eneste fragment av meg til å vende tilbake og bli hel.*»

Viktige skriftsteder:

- Salme 23:3 – Han gir sjelen ny kraft
- Lukas 4:18 – Helbredelse av de knuste hjerter
- 1. Tessaloniker 5:23 – Ånd, sjel og kropp bevart
- Jeremia 30:17 – Helbredelse for utstøtte og sår

Gruppesøknad

- Led medlemmene gjennom en guidet **indre helbredende bønn**.
- Spør: *Har det vært øyeblikk i livet ditt der du sluttet å stole på, føle eller drømme?*
- Rollespill «å gå tilbake til det rommet» med Jesus og se ham helbrede såret.
- La betrodde ledere legge hendene forsiktig på hodene sine og erklære

sjelenes gjenopprettelse.

Verktøy for menigheten: Gudstjenestemusikk, dempet belysning, papirservietter, journalføringsoppgaver.

Viktig innsikt

Befrielse handler ikke bare om å drive ut demoner. Det handler om **å samle de knuste bitene og gjenopprette identitet**.

Refleksjonsjournal

- Hvilke traumatiske hendelser styrer fortsatt hvordan jeg tenker eller føler i dag?
- Har jeg noen gang sagt: «Jeg kommer aldri til å elske igjen», eller «Jeg kan ikke stole på noen lenger»?
- Hvordan ser «helhet» ut for meg – og er jeg klar for det?

BØNN OM GJENOPPRETTELSE

Jesus, du er min sjels hyrde. Jeg bringer deg til alle steder hvor jeg har blitt knust – av frykt, skam, smerte eller svik. Jeg bryter ethvert indre løfte og forbannelse som er uttalt i traumer. Jeg tilgir de som såret meg. Nå kaller jeg hver del av min sjel til å vende tilbake. Gjenopprett meg fullstendig – ånd, sjel og kropp. Jeg er ikke knust for alltid. Jeg er hel i deg. I Jesu navn. Amen.

DAG 25: FORBANNELSEN TIL FREMMELIGE BARN – NÅR SKJEBNER BYTTES VED FØDSELEN

Deres barn er fremmede barn; nå skal måneden fortære dem med det de har fått.» – Hosea 5:7

«Før jeg formet deg i mors liv, kjente jeg deg ...» – Jeremia 1:5

Ikke alle barn som blir født inn i et hjem var ment for det hjemmet.
Ikke alle barn som bærer ditt DNA, bærer din arv.

Fienden har lenge brukt **fødsel som en slagmark** – utvekslet skjebner, plantet falske avkom, innlemmet babyer i mørke pakter og tuklet med livmorer før unnfangelsen i det hele tatt begynner.

Dette er ikke bare et fysisk problem. Det er **en åndelig transaksjon** – som involverer altere, ofringer og demoniske lovligheter.

Hva er merkelige barn?

«Fremmede barn» er:

- Barn født gjennom okkult dedikasjon, ritualer eller seksuelle pakter.
- Avkom byttet ved fødselen (enten åndelig eller fysisk).
- Barn som bærer mørke oppgaver inn i en familie eller slekt.
- Sjeler fanget i livmoren via hekseri, nekromansi eller generasjonsaltere.

Mange barn vokser opp i opprør, avhengighet, hat mot foreldre eller seg selv – ikke bare på grunn av dårlig foreldrerollen, men på grunn av **hvem som gjorde krav på dem åndelig ved fødselen**.

GLOBALE UTTRYKK

- **Afrika** – Åndelige utvekslinger på sykehus, forurensning av livmoren gjennom marine ånder eller rituell sex.
- **India** – Barn innvies i templer eller karmabaserte skjebner før fødselen.
- **Haiti og Latin-Amerika** – Santeria-innvielser, barn unnfanget på altere eller etter trolldom.
- **Vestlige nasjoner** – IVF og surrogatipraksis er noen ganger knyttet til okkulte kontrakter eller donorlinjer; aborter som åpner åndelige dører.
- **Urfolkskulturer over hele verden** – Navngivningsseremonier for ånder eller totemiske identitetsoverføringer.

Historie: *Babyen med feil ånd*

Clara, en sykepleier fra Uganda, fortalte om hvordan en kvinne tok med seg sin nyfødte baby til et bønnemøte. Barnet skrek konstant, avviste melk og reagerte voldsomt på bønn.

Et profetisk ord avslørte at babyen hadde blitt «utvekslet» i ånden ved fødselen. Moren tilsto at en heksedoktor hadde bedt over magen hennes mens hun var desperat etter et barn.

Gjennom omvendelse og intense bønner om befrielse ble babyen slapp, deretter fredelig. Barnet blomstret senere – og viste tegn til gjenopprettet fred og utvikling.

Ikke alle plager hos barn er naturlige. Noen er **tilegnet fra unnfangelsen**.

Handlingsplan – Gjenvinne livmorens skjebne

1. Hvis du er forelder, **bør du vie barnet ditt på nytt til Jesus Kristus**.
2. Gi avkall på alle forbannelser, dedikasjoner eller pakter fra fødselen – selv de som forfedre uvitende har inngått.
3. Snakk direkte til barnets ånd i bønn: *«Du tilhører Gud. Din skjebne er gjenopprettet.»*
4. Hvis du er barnløs, be over livmoren din, og avvis alle former for åndelig manipulasjon eller tukling.

Viktige skriftsteder:

- Hosea 9:11–16 – Dom over fremmed sæd
- Jesaja 49:25 – Kjemp for dine barn
- Lukas 1:41 – Åndsfylte barn fra mors liv
- Salme 139:13–16 – Guds bevisste plan i livmoren

Gruppeengasjement

- Be foreldrene ta med navn eller bilder av barna sine.
- Erklær over hvert navn: «Barnets identitet er gjenopprettet. Hver fremmed hånd er hugget av.»
- Be om åndelig renselse av livmoren for alle kvinner (og menn som åndelige bærere av sæd).
- Bruk nattverd til å symbolisere å gjenvinne blodslinjens skjebne.

Verktøy til tjeneste: Nattverd, salvingsolje, trykte navn eller babyartikler (valgfritt).

Viktig innsikt

Satan retter seg mot livmoren fordi **det er der profeter, krigere og skjebner formes**. Men ethvert barn kan gjenvinnes gjennom Kristus.

Refleksjonsjournal

- Har jeg noen gang hatt rare drømmer under graviditeten eller etter fødselen?
- Sliter barna mine på måter som virker unaturlige?
- Er jeg klar til å konfrontere de åndelige opprinnelsene til generasjonsopprør eller forsinkelser?

Bønn om gjenoppretting

Far, jeg bringer min livmor, min sæd og mine barn til ditt alter. Jeg angrer for enhver dør – kjent eller ukjent – som ga fienden adgang. Jeg bryter enhver forbannelse, dedikasjon og demonisk oppgave knyttet til mine barn. Jeg taler over dem: Dere er hellige, utvalgte og beseglet til Guds ære. Deres skjebne er forløst. I Jesu navn. Amen.

DAG 26: SKJULTE MAKTALTERE — Å BRYTE SEG FRI FRA ELITTE OKKULTISKE PAKTER

> *Igjen tok djevelen ham med opp på et svært høyt fjell og viste ham alle verdens riker og deres herlighet. Han sa: 'Alt dette vil jeg gi deg, dersom du vil bøye deg ned og tilbe meg.'»* – Matteus 4:8–9

Mange tror at satanisk makt bare finnes i bakromsritualer eller mørke landsbyer. Men noen av de farligste paktene er skjult bak polerte dresser, eliteklubber og innflytelse fra flere generasjoner.

Dette er **maktens altere** – formet av blodseder, innvielser, hemmelige symboler og uttalte løfter som binder enkeltpersoner, familier og til og med hele nasjoner til Lucifers herredømme. Fra frimureriet til kabbalistiske ritualer, fra østlige stjerneinnvielser til gamle egyptiske og babylonske mysterieskoler – de lover opplysning, men leverer trelldom.

Globale forbindelser

- **Europa og Nord-Amerika** – frimureriet, rosenkorsismen, Den gylne daggryorden, hodeskalle og knokler, bøhmisk lund, kabbalah-innvielser.
- **Afrika** – Politiske blodpakter, avtaler med forfedres ånder om herredømme, heksealliansen på høyt nivå.
- **Asia** – Opplyste samfunn, drageåndspakter, blodslinjedynastier knyttet til gammel trolldom.
- **Latin-Amerika** – Politisk santeria, kartellknyttet rituell beskyttelse, pakter inngått for suksess og immunitet.
- **Midtøsten** – Gamle babylonske, assyriske ritualer som ble overlevert under religiøs eller kongelig forkledning.

Vitnesbyrd – En frimurers barnebarn finner frihet

Carlos, som vokste opp i en innflytelsesrik familie i Argentina, visste aldri at bestefaren hans hadde nådd den 33. graden av frimureriet. Merkelige manifestasjoner hadde plaget livet hans – søvnparalyse, relasjonssabotasje og en vedvarende manglende evne til å gjøre fremskritt, uansett hvor hardt han prøvde.

Etter å ha deltatt i en befrielsesundervisning som avslørte okkulte koblinger til eliten, konfronterte han sin familiehistorie og fant frimurerregalier og skjulte dagbøker. Under en midnattsfaste avslo han enhver blodpakt og erklærte frihet i Kristus. Samme uke fikk han gjennombruddet i jobben han hadde ventet på i årevis.

Høynivåaltere skaper motstand på høyt nivå – men **Jesu blod** taler høyere enn noen ed eller ritualer.

Handlingsplan – Avsløring av den skjulte hytta

1. **Undersøk**: Finnes det frimureriske, esoteriske eller hemmelige tilknytninger i din blodslinje?
2. **Gi avkall på** enhver kjent og ukjent pakt ved å bruke erklæringer basert på Matteus 10:26–28.
3. **Brenn eller fjern** eventuelle okkulte symboler: pyramider, altseende øyne, kompasser, obelisker, ringer eller kapper.
4. **Be høyt**:

«Jeg bryter enhver skjult avtale med hemmelige selskaper, lyskulter og falske brorskap. Jeg tjener kun Herren Jesus Kristus.»

Gruppesøknad

- Be medlemmene skrive ned eventuelle kjente eller mistenkte okkulte bånd til eliten.
- Led en **symbolsk handling med å kutte bånd** – rive papirer, brenne bilder eller salve pannen som et segl på atskillelse.
- Bruk **Salme 2** til å erklære bruddet på nasjonale og familiemessige konspirasjoner mot Herrens salvede.

Viktig innsikt

Satans største grep er ofte ikledd hemmelighold og prestisje. Sann frihet begynner når du avslører, fornekter og erstatter disse altrene med tilbedelse og sannhet.

Refleksjonsjournal

- Har jeg arvet rikdom, makt eller muligheter som føles åndelig «feil»?
- Finnes det hemmelige forbindelser i mine aner som jeg har ignorert?
- Hva vil det koste meg å kutte ugudeliges tilgang til makt – og er jeg villig til det?

Bønn om befrielse

Far, jeg kommer ut av enhver skjult losje, alter og avtale – i mitt navn eller på vegne av min blodlinje. Jeg kutter ethvert sjelsbånd, ethvert blodsbånd og enhver ed avlagt bevisst eller ubevisst. Jesus, du er mitt eneste lys, min eneste sannhet og mitt eneste dekke. La din ild fortære enhver ugudelig kobling til makt, innflytelse eller bedrag. Jeg mottar total frihet, i Jesu navn. Amen.

DAG 27: UHELLIGE ALLIANSER — FRIMURERI, ILLUMINATI OG ÅNDELIG INFILTRASJON

«*Ha ikke noe med mørkets fruktløse gjerninger å gjøre, men avslør dem heller.*» – Efeserne 5:11
«*Dere kan ikke drikke Herrens beger og demonenes beger.*» – 1. Korinterbrev 10:21

Det finnes hemmelige selskaper og globale nettverk som presenterer seg som harmløse broderorganisasjoner – som tilbyr veldedighet, kontakt eller opplysning. Men bak teppet ligger dypere eder, blodsritualer, sjelebånd og lag av luciferiansk doktrine innhyllet i «lys».

Frimureriet, Illuminati, Eastern Star, Skull and Bones og deres søsternettverk er ikke bare sosiale klubber. De er troskapsaltere – noen dateres århundrer tilbake – designet for å åndelig infiltrere familier, myndigheter og til og med kirker.

Globalt fotavtrykk

- **Nord-Amerika og Europa** – frimurertempler, skotske rituslosjer, Yales Skull & Bones.
- **Afrika** – Politiske og kongelige innvielser med frimurerritualer, blodpakter for beskyttelse eller makt.
- **Asia** – Kabbalah-skoler maskert som mystisk opplysning, hemmelige klosterritualer.
- **Latin-Amerika** – Skjulte eliteordener, Santeria fusjonerte med eliteinnflytelse og blodpakter.
- **Midtøsten** – Gamle babylonske hemmelige selskaper knyttet til maktstrukturer og falsk lystilbedelse.

DISSE NETTVERKENE OFTE:

- Krev blod eller muntlige eder.
- Bruk okkulte symboler (kompasser, pyramider, øyne).
- Gjennomføre seremonier for å påkalle eller vie sin sjel til en orden.
- Gi innflytelse eller rikdom i bytte mot åndelig kontroll.

Vitnesbyrd – En biskops bekjennelse

En biskop i Øst-Afrika tilsto foran kirken sin at han en gang hadde sluttet seg til frimureriet på et lavt nivå under universitetet – bare for «forbindelser». Men etter hvert som han steg i gradene, begynte han å se merkelige krav: en taushetsed, seremonier med bind for øynene og symboler, og et «lys» som gjorde bønnelivet hans kaldt. Han sluttet å drømme. Han kunne ikke lese Skriften.

Etter å ha omvendt seg og offentlig fordømt enhver rang og ethvert løfte, lettet den åndelige tåken. I dag forkynner han Kristus frimodig og avslører det han en gang deltok i. Lenkene var usynlige – inntil de ble brutt.

Handlingsplan – Bryte frimureriet og innflytelsen fra hemmelige selskaper

1. **Identifiser** eventuell personlig eller familiær involvering i frimureriet, rosenkorsismen, kabbala, Skull and Bones eller lignende hemmelige ordener.
2. **Gi avkall på hvert nivå eller hver grad av innvielse**, fra 1. til 33. eller høyere, inkludert alle ritualer, symboler og eder. (Du kan finne veiledede avkallelser på befrielse på nettet.)
3. **Be med autoritet**:

«Jeg bryter alle sjelebånd, blodpakter og eder som er gitt til hemmelige selskaper – av meg eller på mine vegne. Jeg krever min sjel tilbake for Jesus Kristus!»

1. **Ødelegg symbolske gjenstander**: regalier, bøker, sertifikater, ringer eller innrammede bilder.

2. **Erklær** frihet ved å bruke:
   - *Galaterne 5:1*
   - *Salme 2:1–6*
   - *Jesaja 28:15–18*

Gruppesøknad

- La gruppen lukke øynene og be Den hellige ånd om å avsløre eventuelle hemmelige tilknytninger eller familiebånd.
- Bedriftsavståelse: gå gjennom en bønn for å fordømme enhver kjent eller ukjent tilknytning til eliteordener.
- Bruk nattverd til å forsegle bruddet og på nytt knytte paktene til Kristus.
- Salve hoder og hender – gjenopprette klarhet i sinnet og hellige gjerninger.

Viktig innsikt

Det verden kaller «elite», kan Gud kalle en vederstyggelighet. Ikke all innflytelse er hellig – og ikke alt lys er lys. Det finnes ikke noe slikt som harmløs hemmelighold når det involverer åndelige eder.

Refleksjonsjournal

- Har jeg vært en del av, eller er nysgjerrig på, hemmelige ordener eller mystiske opplysningsgrupper?
- Finnes det tegn på åndelig blindhet, stagnasjon eller kulde i min tro?
- Trenger jeg å møte familieengasjement med mot og ynde?

Frihetens bønn

Herre Jesus, jeg kommer frem for Deg som det eneste sanne Lys. Jeg avskjærer ethvert bånd, enhver ed, ethvert falskt lys og enhver skjult orden som gjør krav på meg. Jeg avskjærer frimureriet, hemmelige selskaper, gamle brorskap og ethvert åndelig bånd knyttet til mørket. Jeg erklærer at jeg alene er under Jesu blod – beseglet, befridd og fri. La Din Ånd brenne bort alle rester av disse paktene. I Jesu navn, amen.

DAG 28: KABBALA, ENERGINETT OG LOKKINGEN AV MYSTISK «LYS»

> *For Satan selv gir seg ut som en lysets engel.»* – 2. Korinterbrev 11:14
> *«Lyset i deg er mørke – hvor dypt er ikke mørket!»* – Lukas 11:35

I en tid besatt av åndelig opplysning, dykker mange uvitende ned i eldgamle kabbalistiske praksiser, energihealing og mystiske lyslærer forankret i okkulte doktriner. Disse læresetningene forkler seg ofte som «kristen mystisisme», «jødisk visdom» eller «vitenskapsbasert spiritualitet» – men de stammer fra Babylon, ikke Sion.

Kabbalah er ikke bare et jødisk filosofisk system; det er en åndelig matrise bygget på hemmelige koder, guddommelige utstrålinger (Sefirot) og esoteriske veier. Det er det samme forførende bedraget bak tarot, numerologi, dyrekretsens portaler og New Age-nett.

Mange kjendiser, influencere og forretningsmoguler bruker røde strenger, mediterer med krystallenergi eller følger Zohar uten å vite at de deltar i et usynlig system av åndelig fangenskap.

Globale forviklinger

- **Nord-Amerika** – Kabbalah-sentre forkledd som velværerom; guidede energimeditasjoner.
- **Europa** – Druidisk kabbala og esoterisk kristendom undervist i hemmelige ordener.
- **Afrika** – Velstandskulter som blander skrift med numerologi og energiportaler.
- **Asia** – Chakrahealing omdøpt til «lysaktivering» i tråd med universelle koder.
- **Latin-Amerika** – Helgener blandet med kabbalistiske erkeengler i mystisk katolisisme.

Dette er forførelsen av falskt lys – hvor kunnskap blir en gud og belysning blir et fengsel.

Ekte vitnesbyrd – Unnslippe «lysfellen»

Marisol, en søramerikansk forretningscoach, trodde hun hadde oppdaget sann visdom gjennom numerologi og «guddommelig energiflyt» fra en kabbalistisk mentor. Drømmene hennes ble levende, visjonene hennes skarpe. Men freden hennes? Borte. Forholdene hennes? Kollapset.

Hun ble plaget av skyggevesener i søvne, til tross for sine daglige «lette bønner». En venn sendte henne et videovitnesbyrd om en tidligere mystiker som møtte Jesus. Den natten ropte Marisol til Jesus. Hun så et blendende hvitt lys – ikke mystisk, men rent. Freden vendte tilbake. Hun ødela materialene sine og begynte sin befrielsesreise. I dag driver hun en Kristus-sentrert mentorplattform for kvinner fanget i åndelig bedrag.

Handlingsplan – Avstå fra falsk belysning

1. **Gjennomgå** eksponeringen din: Har du lest mystiske bøker, praktisert energihealing, fulgt horoskoper eller brukt røde snorer?
2. **Omvend** deg for at du har søkt lys utenfor Kristus.
3. **Bryt båndene** med:
   - Kabbalah/Zohar-lære
   - Energimedisin eller lysaktivering
   - Englepåkallelser eller navneavkoding
   - Hellig geometri, numerologi eller «koder»
4. **Be høyt**:

«Jesus, du er verdens lys. Jeg fornekter ethvert falskt lys, enhver okkult lære og enhver mystisk felle. Jeg vender tilbake til deg som min eneste kilde til sannhet!»

1. **Skriftsteder å forkynne**:
   - Johannes 8:12
   - 5. Mosebok 18:10–12
   - Jesaja 2:6
   - 2. Korinterbrev 11:13–15

Gruppesøknad

- Spør: Har du (eller familie) noen gang deltatt i eller blitt eksponert for New Age, numerologi, kabbalah eller mystiske «lys»-lærer?
- Gruppeavståelse av falskt lys og fornyet dedikasjon til Jesus som det eneste Lyset.
- Bruk salt- og lysbilder – gi hver deltaker en klype salt og et lys for å erklære: «Jeg er salt og lys i Kristus alene.»

Viktig innsikt
Ikke alt lys er hellig. Det som lyser opp utenfor Kristus, vil til slutt fortære.

Refleksjonsjournal

- Har jeg søkt kunnskap, kraft eller helbredelse utenfor Guds ord?
- Hvilke åndelige verktøy eller læresetninger trenger jeg å kvitte meg med?
- Er det noen jeg har introdusert for New Age eller «light»-praksiser som jeg nå trenger å veilede tilbake?

Bønn om befrielse
Far, jeg gir avkall på enhver ånd av falskt lys, mystikk og hemmelig kunnskap. Jeg fornekter kabbala, numerologi, hellig geometri og enhver mørk kode som utgir seg for å være lys. Jeg erklærer at Jesus er mitt livs lys. Jeg går bort fra bedragets vei og går inn i sannheten. Rens meg med din ild og fyll meg med Den hellige ånd. I Jesu navn. Amen.

DAG 29: ILLUMINATIS SLØR – AVMASKERING AV DE ELITE OKKULTE NETTVERKENE

> *Jordens konger står opp, og herskerne samler seg mot Herren og mot hans salvede.»* – Salme 2:2

«Ingenting er skjult som ikke skal bli åpenbart, og intet er skjult som ikke skal komme frem i lyset.» – Lukas 8:17

Det finnes en verden inni vår verden. Skjult i det klare lyset.

Fra Hollywood til finansverdenen, fra politiske korridorer til musikkimperier, styrer et nettverk av mørke allianser og åndelige kontrakter systemer som former kultur, tankegang og makt. Det er mer enn konspirasjon – det er et eldgammelt opprør ompakket for den moderne scenen.

Illuminati er i kjernen ikke bare et hemmelig samfunn – det er en luciferiansk agenda. En åndelig pyramide der de på toppen sverger troskap gjennom blod, ritualer og sjeleutveksling, ofte pakket inn i symboler, mote og popkultur for å betinge massene.

Dette handler ikke om paranoia. Det handler om bevissthet.

EKTE HISTORIE – EN reise fra berømmelse til tro

Marcus var en fremadstormende musikkprodusent i USA. Da hans tredje store hit krysset hitlistene, ble han introdusert for en eksklusiv klubb – mektige menn og kvinner, spirituelle «mentorer», kontrakter dyppet i hemmelighold. Først virket det som elitementorskap. Så kom «påkallelses»-øktene – mørke rom, røde lys, messer og speilritualer. Han begynte å oppleve reiser utenfor kroppen, stemmer som hvisket sanger til ham om natten.

En natt, under påvirkning og pine, prøvde han å ta sitt eget liv. Men Jesus grep inn. En bedende bestemors forbønn brøt gjennom. Han flyktet, tok avstand fra systemet og startet en lang befrielsesreise. I dag avslører han bransjens mørke gjennom musikk som vitner om lyset.

SKJULTE KONTROLLSYSTEMER

- **Blodofre og seksuelle ritualer** – Innvielse til makt krever utveksling: kropp, blod eller uskyld.
- **Tankeprogrammering (MK Ultra-mønstre)** – Brukes i media, musikk og politikk for å skape splittede identiteter og håndterere.
- **Symbolikk** – Pyramideøyne, fønikser, sjakkbrettgulv, ugler og inverterte stjerner – troskapsporter.
- **Luciferiansk lære** – «Gjør hva du vil», «Bli din egen gud», « Lysbæreropplysning».

Handlingsplan – Å bryte seg løs fra Elite Webs

1. **Omvend deg** for å ha deltatt i ethvert system knyttet til okkult myndiggjøring, selv ubevisst (musikk, media, kontrakter).
2. **Gi avkall på** berømmelse for enhver pris, skjulte pakter eller fascinasjon for elitens livsstil.
3. **Be over** hver kontrakt, hvert merke eller nettverk du er en del av. Be Den hellige ånd om å avdekke skjulte bånd.
4. **Erklær høyt** :

«Jeg avviser ethvert system, enhver ed og ethvert symbol på mørket. Jeg tilhører Lysets rike. Min sjel er ikke til salgs!»

1. **Ankerskrifter** :
    - Jesaja 28:15–18 – Pakt med døden skal ikke stå fast
    - Salme 2 – Gud ler av onde konspirasjoner
    - 1. Korinterbrev 2:6–8 – Denne tids herskere forstår ikke Guds visdom

GRUPPESØKNAD

- Led gruppen i en **symbolrensingsøkt** – ta med bilder eller logoer deltakerne har spørsmål om.
- Oppfordre folk til å dele hvor de har sett Illuminati-skilt i popkulturen, og hvordan det formet synspunktene deres.
- Be deltakerne om å **fornye sin innflytelse** (musikk, mote, media) til Kristi hensikt.

Viktig innsikt
Det kraftigste bedraget er det som skjuler seg i glamour. Men når masken tas av, brister lenkene.

Refleksjonsjournal

- Tiltrekkes jeg av symboler eller bevegelser jeg ikke forstår helt?
- Har jeg avlagt løfter eller inngått avtaler i jakten på innflytelse eller berømmelse?
- Hvilken del av min gave eller plattform trenger jeg å overgi til Gud igjen?

Frihetens bønn
Far, jeg avviser enhver skjult struktur, ed og innflytelse fra Illuminati og eliten av okkulte vesener. Jeg gir avkall på berømmelse uten Deg, makt uten hensikt og kunnskap uten Den Hellige Ånd. Jeg opphever enhver blods- eller ordpakt som noen gang er inngått over meg, bevisst eller ubevisst. Jesus, jeg setter Deg på tronen som Herre over mitt sinn, mine gaver og min skjebne. Avslør og ødelegg enhver usynlig lenke. I Ditt navn reiser jeg meg, og jeg vandrer i lyset. Amen.

DAG 30: MYSTERIESKOLENE – GAMLE HEMMELIGHETER, MODERNE FENDRELAG

» *Deres struper er åpne graver, deres tunger lyver. Huggormsgift er på deres lepper.*» – Romerne 3:13

«*Kall ikke alt dette folket kaller en sammensvergelse for en sammensvergelse, frykt ikke for det de frykter ... Herren, den Allmektiges Gud, skal dere holde for hellig ...*» – Jesaja 8:12–13

Lenge før Illuminati fantes det de gamle mysterieskolene – Egypt, Babylon, Hellas, Persia – som ikke bare var utformet for å formidle «kunnskap», men også for å vekke overnaturlig kraft gjennom mørke ritualer. I dag gjenopplives disse skolene på eliteuniversiteter, spirituelle retreater, «bevissthetsleirer», til og med gjennom nettbaserte opplæringskurs forkledd som personlig utvikling eller bevissthetsoppvåkning av høyere rang.

Fra kabbalakretser til teosofi, hermetiske ordener og rosenkorsisme – målet er det samme: «å bli som guder», å vekke latent kraft uten å overgi seg til Gud. Skjulte sanger, hellig geometri, astral projeksjon, åpning av pinealkjertelen og seremonielle ritualer bringer mange inn i åndelig trelldom under dekke av «lys».

Men ethvert «lys» som ikke er rotfestet i Jesus er et falskt lys. Og enhver skjult ed må brytes.

Den virkelige historien – Fra dyktig til forlatt

Sandra*, en sørafrikansk velværecoach, ble innviet i en egyptisk mysterieorden gjennom et mentorprogram. Treningen inkluderte chakrajusteringer, solmeditasjoner, månеritualer og gamle visdomsruller. Hun begynte å oppleve «nedlastinger» og «oppstigninger», men snart utviklet disse seg til panikkanfall, søvnparalyse og selvmordstanker.

Da en befrielsesminister avslørte kilden, innså Sandra at sjelen hennes var bundet sammen med løfter og åndelige kontrakter. Å gi avkall på ordenen betydde å miste inntekt og forbindelser – men hun fikk friheten sin. I dag driver hun et helbredelsessenter sentrert rundt Kristus, og advarer andre mot New Age-bedrag.

Vanlige tråder i mysterieskoler i dag

- **Kabbalah-sirkler** – jødisk mystisisme blandet med numerologi, engledyrkelse og astralplan.
- **Hermetisme** – læren om «som over, så under»; som gir sjelen mulighet til å manipulere virkeligheten.
- **Rosenkorsere** – Hemmelige ordener knyttet til alkymisk transformasjon og åndeoppstigning.
- **Frimureriet og esoteriske brorskap** – Lagdelt progresjon inn i skjult lys; hver grad bundet av eder og ritualer.
- **Spirituelle retreater** – Psykedeliske «opplysnings»-seremonier med sjamaner eller «guider».

Handlingsplan – Bryte gamle åk

1. **Gi avkall på** alle pakter inngått gjennom innvielser, kurs eller åndelige kontrakter utenfor Kristus.
2. **Avbryt** kraften til enhver «lys»- eller «energi»-kilde som ikke er forankret i Den Hellige Ånd.
3. **Rens** hjemmet ditt for symboler: ankher, Horus' øye, hellig geometri, altere, røkelse, statuer eller rituelle bøker.
4. **Erklær høyt:**

«Jeg avviser enhver gammel og moderne vei til falskt lys. Jeg underkaster meg Jesus Kristus, det sanne Lys. Enhver hemmelig ed brytes av Hans blod.»

ANKERSKRIFTER

- Kolosserne 2:8 – Ingen hul og bedragersk filosofi

- Johannes 1:4–5 – Det sanne lyset skinner i mørket
- 1. Korinterbrev 1:19–20 – Gud ødelegger de vises visdom

GRUPPESØKNAD

- Arranger en symbolsk kveld med «brenning av bokruller» (Apg 19:19) – der gruppemedlemmene tar med og ødelegger alle okkulte bøker, smykker og gjenstander.
- Be for folk som har «lastet ned» merkelig kunnskap eller åpnet tredje øye-chakraer gjennom meditasjon.
- Led deltakerne gjennom en «**lysoverførings**»-bønn – og be Den hellige ånd om å overta alle områder som tidligere har vært overgitt til okkult lys.

VIKTIG INNSIKT

Gud skjuler ikke sannheten i gåter og ritualer – Han åpenbarer den gjennom sin Sønn. Vokt deg for «lys» som trekker deg inn i mørket.

REFLEKSJONSJOURNAL

- Har jeg blitt med i noen nettbasert eller fysisk skole som lover eldgammel visdom, aktivering eller mystiske krefter?
- Finnes det bøker, symboler eller ritualer jeg en gang trodde var harmløse, men nå føler meg overbevist om?
- Hvor har jeg søkt åndelig erfaring mer enn et forhold til Gud?

Bønn om befrielse

Herre Jesus, du er veien, sannheten og lyset. Jeg angrer for hver vei jeg tok som omgikk ditt ord. Jeg fornekter alle mysterieskoler, hemmelige ordener, eder og innvielser. Jeg bryter sjelsbånd med alle veiledere, lærere, ånder og systemer som er forankret i eldgammel bedrag. La ditt lys skinne i hvert skjult sted i mitt hjerte og fyll meg med din Ånds sannhet. I Jesu navn vandrer jeg fri. Amen.

DAG 31: KABBALA, HELLIG GEOMETRI OG ELITELYSBEDREGG

> *For Satan selv gir seg ut for å være en lysets engel.»* – 2. Korinterbrev 11:14
> *«Det skjulte hører Herren vår Gud til, men det som er åpenbart, hører oss til...»* – 5. Mosebok 29:29

I vår søken etter åndelig kunnskap ligger det en fare – lokket av «skjult visdom» som lover kraft, lys og guddommelighet uten Kristus. Fra kjendiskretser til hemmelige losjer, fra kunst til arkitektur, vever et mønster av bedrag seg over hele kloden og trekker søkere inn i det esoteriske nettet av **kabbala**, **hellig geometri** og **mysterielære**.

Dette er ikke harmløse intellektuelle utforskninger. De er inngangsporter til åndelige pakter med falne engler som utgir seg for å være lys.

GLOBALE MANIFESTASJONER

- **Hollywood og musikkbransjen** – Mange kjendiser bruker åpent kabbalah-armbånd eller tatoverer hellige symboler (som livets tre) som kan spores tilbake til okkult jødisk mystisisme.
- **Mote og arkitektur** – Frimureriske design og hellige geometriske mønstre (Livets blomst, heksagrammer, Horus' øye) er innebygd i klær, bygninger og digital kunst.
- **Midtøsten og Europa** – Kabbalah-studiesentre trives blant eliter, og blander ofte mystisisme med numerologi, astrologi og englepåkallelser.
- **Nett- og New Age-sirkler over hele verden** – YouTube, TikTok og podkaster normaliserer «lyskoder», «energiportaler», «3–6–9 vibrasjoner» og «guddommelig matrise»-lære basert på hellig

geometri og kabbalistiske rammeverk.

Den virkelige historien – når lys blir en løgn
Jana, en 27-åring fra Sverige, begynte å utforske kabbala etter å ha fulgt sin favorittsanger som ga den æren for hennes «kreative oppvåkning». Hun kjøpte armbåndet med rød snor, begynte å meditere med geometriske mandalaer og studerte englenavn fra gamle hebraiske tekster.

Ting begynte å forandre seg. Drømmene hennes ble merkelige. Hun følte vesener ved siden av seg i søvne, som hvisket visdom – og deretter krevde blod. Skygger fulgte henne, men hun lengtet etter mer lys.

Til slutt snublet hun over en befrielsesvideo på nettet og innså at pinselen hennes ikke var åndelig oppstigning, men åndelig bedrag. Etter seks måneder med befrielsesøkter, faste og brenning av alle kabbalistiske gjenstander i huset sitt, begynte freden å vende tilbake. Hun advarer nå andre gjennom bloggen sin: «Det falske lyset holdt på å ødelegge meg.»

Å SKILLE VEIEN

Kabbala, selv om den noen ganger er kledd i religiøse kapper, avviser Jesus Kristus som den eneste veien til Gud. Den opphøyer ofte det «**guddommelige selvet**», fremmer **kanalisering** og **oppstigning til livets tre**, og bruker **matematisk mystikk** for å tilkalle kraft. Disse praksisene åpner **åndelige porter** – ikke til himmelen, men for enheter som utgir seg for å være lysbærere.

Mange kabbalistiske doktriner skjærer seg med:

- Frimureriet
- Rosenkorsismen
- Gnostisisme
- Luciferianske opplysningskulter

Fellesnevneren? Jakten på guddommelighet uten Kristus.
Handlingsplan – Avsløring og utkastelse av falskt lys

1. **Omvend deg** fra ethvert engasjement med kabbalah, numerologi, hellig geometri eller «mysterieskole»-lære.

2. **Ødelegg gjenstander** i hjemmet ditt som er knyttet til disse praksisene – mandalaer, altere, kabbalatekster, krystallnett, smykker med hellige symboler.
3. **Gi avkall på ånder av falskt lys** (f.eks. Metatron, Raziel, Shekinah i mystisk form) og befal enhver falsk engel å forlate dem.
4. **Fordyp deg** i Kristi enkelhet og tilstrekkelighet (2. Korinterbrev 11:3).
5. **Faste og salv** deg selv – øyne, panne, hender – og gi avkall på all falsk visdom og erklær din troskap til Gud alene.

Gruppesøknad

- Del eventuelle møter med «lyslære», numerologi, kabbalamedier eller hellige symboler.
- Som gruppe, list opp fraser eller trosoppfatninger som høres «åndelige» ut, men som motsetter seg Kristus (f.eks. «Jeg er guddommelig», «universet sørger for», «Kristusbevissthet»).
- Salv hver person med olje mens du erklærer Johannes 8:12 – *«Jesus er verdens lys»*.
- Brenn eller kast materialer eller gjenstander som refererer til hellig geometri, mystisisme eller «guddommelige koder».

VIKTIG INNSIKT

Satan kommer ikke først som ødeleggeren. Han kommer ofte som opplyseren – og tilbyr hemmelig kunnskap og falskt lys. Men det lyset fører bare til dypere mørke.

Refleksjonsjournal

- Har jeg åpnet min ånd for noe «åndelig lys» som har gått forbi Kristus?
- Finnes det symboler, uttrykk eller objekter jeg trodde var harmløse, men som jeg nå gjenkjenner som portaler?
- Har jeg satt personlig visdom over bibelsk sannhet?

Bønn om befrielse

Far, jeg fornekter alt falskt lys, mystisk lære og hemmelig kunnskap som har viklet inn i min sjel. Jeg bekjenner at bare Jesus Kristus er verdens sanne lys. Jeg avviser kabbala, hellig geometri, numerologi og alle demoniske læresetninger. La enhver falsk ånd nå bli opprykket fra mitt liv. Rens mine øyne, mine tanker, min fantasi og min ånd. Jeg er din alene – ånd, sjel og kropp. I Jesu navn. Amen.

DAG 3 2: SLANGEÅNDEN I DEG – NÅR BEFRIELSEN KOMMER FOR SENT

« *De har øyne fulle av utroskap ... de forfører ustabile sjeler ... de har fulgt Bileams vei ... for ham er mørkets mørke gjemt for evig.* » – 2. Peter 2:14–17

«La dere ikke bedra! Gud lar seg ikke spotte. Et menneske høster det han sår.» – Galaterne 6:7

Det finnes en demonisk forfalskning som fremstiller seg som opplysning. Den helbreder, gir energi, styrker – men bare for en periode. Den hvisker guddommelige mysterier, åpner ditt «tredje øye», slipper løs kraft i ryggraden – og **slavebinder deg deretter i pine**.

Det er **Kundalini**.

Slangeånden. Den falske «hellige **ånd**» i New Age.

Når den aktiveres – gjennom yoga, meditasjon, psykedelika, traumer eller okkulte ritualer – kveiler denne kraften seg ved bunnen av ryggraden og stiger opp som ild gjennom chakraene. Mange tror det er åndelig oppvåkning. I sannhet er det **demonisk besettelse** forkledd som guddommelig energi.

Men hva skjer når det **ikke vil forsvinne**?

Ekte historie – «Jeg klarer ikke å slå den av»

Marissa, en ung kristen kvinne i Canada, hadde drevet med «kristen yoga» før hun ga livet sitt til Kristus. Hun elsket de fredelige følelsene, vibrasjonene, lysvisjonene. Men etter en intens økt der hun følte ryggraden «antenne», mistet hun bevisstheten – og våknet opp ute av stand til å puste. Den natten begynte noe **å plage søvnen hennes**, vred kroppen hennes, fremsto som «Jesus» i drømmene hennes – men hånet henne.

Hun ble **befridd** fem ganger. Åndene dro – men kom tilbake. Ryggraden hennes vibrerte fortsatt. Øynene hennes så konstant inn i åndeverdenen.

Kroppen hennes beveget seg ufrivillig. Til tross for frelsen gikk hun nå gjennom et helvete få kristne forsto. Ånden hennes ble frelst – men sjelen hennes var **krenket, sprukket opp og fragmentert**.

Ettervirkningene ingen snakker om

- **Tredje øyne forblir åpne** : Konstante visjoner, hallusinasjoner, åndelig støy, "engler" som lyver.
- **Kroppen slutter ikke å vibrere** : Ukontrollerbar energi, trykk i hodeskallen, hjertebank.
- **Uopphørlig pine** : Selv etter 10+ befrielsesøkter.
- **Isolasjon** : Pastorer forstår ikke. Kirker ignorerer problemet. Personen blir stemplet som «ustabil».
- **Frykt for helvete** : Ikke på grunn av synd, men på grunn av pinen som nekter å ta slutt.

Kan kristne nå et punkt uten vei tilbake?

Ja – i dette livet. Du kan bli **frelst**, men så fragmentert at **din sjel er i pine til døden**.

Dette er ikke skremselspropaganda. Dette er en **profetisk advarsel**.

Globale eksempler

- **Afrika** – Falske profeter slipper ut kundalini-ild under gudstjenester – folk får kramper, skummer, ler eller brøler.
- **Asia** – Yogamestere stiger opp til «siddhi» (demonisk besettelse) og kaller det gudsbevissthet.
- **Europa/Nord-Amerika** – Neokarismatiske bevegelser som kanaliserer «herlighetsriker», bjeffer, ler og faller ukontrollert – ikke av Gud.
- **Latin-Amerika** – Sjamanistiske oppvåkninger som bruker ayahuasca (plantemedisiner) for å åpne åndelige dører de ikke kan lukke.

HANDLINGSPLAN – HVIS du har gått for langt

1. **Bekjenn den eksakte portalen** : Kundalini yoga, tredje øye-meditasjoner, new age-kirker, psykedelika, osv.
2. **Stopp all jakt på befrielse** : Noen ånder plager lenger når du fortsetter å styrke dem med frykt.
3. **Forankre deg selv i Skriften** DAGLIG – spesielt Salme 119, Jesaja 61 og Johannes 1. Disse fornyer sjelen.
4. **Overgi deg til fellesskapet** : Finn minst én troende fylt med Den hellige ånd å vandre med. Isolasjon gir demoner kraft.
5. **Gi avkall på alt åndelig «syn», ild, kunnskap, energi** – selv om det føles hellig.
6. **Be Gud om nåde** – ikke én gang. Daglig. Hver time. Hold ut. Gud fjerner det kanskje ikke med en gang, men Han vil bære deg.

GRUPPESØKNAD

- Ha en stund med stille refleksjon. Spør: Har jeg søkt åndelig kraft fremfor åndelig renhet?
- Be for dem som har uopphørlig pinsel. IKKE lov øyeblikkelig frihet – lov **disippelskap** .
- Lær forskjellen mellom **Åndens frukt** (Galaterne 5:22–23) og **sjelske manifestasjoner** (risting, hete, syner).
- Brenn eller ødelegg alle gjenstander fra den nye tidsalderen: chakrasymboler, krystaller, yogamatter, bøker, oljer, «Jesus-kort».

Viktig innsikt
Det finnes en **grense** som kan krysses – når sjelen blir en åpen port og nekter å lukke seg. Din ånd kan bli frelst ... men din sjel og kropp kan fortsatt leve i pine hvis du har blitt besudlet av okkult lys.

Refleksjonsjournal

- Har jeg noen gang søkt makt, ild eller profetisk syn mer enn hellighet og sannhet?
- Har jeg åpnet dører gjennom «kristnede» new age-praksiser?
- Er jeg villig til å **vandre daglig** med Gud, selv om full utfrielse tar år?

Bønn om overlevelse
Far, jeg roper om nåde. Jeg avsier enhver slangeånd, Kundalini-kraft, åpning av det tredje øye, falsk ild eller new age-forfalskning jeg noen gang har berørt. Jeg overgir min sjel – sprukket som den er – tilbake til Deg. Jesus, frels meg ikke bare fra synd, men fra pine. Forsegl mine porter. Helbred mitt sinn. Lukk øynene mine. Knus slangen i min ryggrad. Jeg venter på Deg, selv i smerten. Og jeg vil ikke gi opp. I Jesu navn. Amen.

DAG 33: SLANGEÅNDEN I DEG – NÅR BEFRIELSEN KOMMER FOR SENT

«*De har øyne fulle av utroskap ... de forfører ustabile sjeler ... de har fulgt Bileams vei ... for ham er mørkets mørke gjemt for evig.*» – 2. Peter 2:14–17

«*La dere ikke bedra! Gud lar seg ikke spotte. Et menneske høster det han sår.*» – Galaterne 6:7

Det finnes en demonisk forfalskning som fremstiller seg som opplysning. Den helbreder, gir energi, styrker – men bare for en periode. Den hvisker guddommelige mysterier, åpner ditt «tredje øye», slipper løs kraft i ryggraden – og **slavebinder deg deretter i pine**.

Det er **Kundalini**.

Slangeånden. Den falske «hellige

ånd» i New Age.

Når den aktiveres – gjennom yoga, meditasjon, psykedelika, traumer eller okkulte ritualer – kveiler denne kraften seg ved bunnen av ryggraden og stiger opp som ild gjennom chakraene. Mange tror det er åndelig oppvåkning. I sannhet er det **demonisk besettelse** forkledd som guddommelig energi.

Men hva skjer når det **ikke vil forsvinne**?

Ekte historie – «Jeg klarer ikke å slå den av»

Marissa, en ung kristen kvinne i Canada, hadde drevet med «kristen yoga» før hun ga livet sitt til Kristus. Hun elsket de fredelige følelsene, vibrasjonene, lysvisjonene. Men etter en intens økt der hun følte ryggraden «antenne», mistet hun bevisstheten – og våknet opp ute av stand til å puste. Den natten begynte noe **å plage søvnen hennes**, vred kroppen hennes, fremsto som «Jesus» i drømmene hennes – men hånet henne.

Hun ble **befridd** fem ganger. Åndene dro – men kom tilbake. Ryggraden hennes vibrerte fortsatt. Øynene hennes så konstant inn i åndeverdenen.

Kroppen hennes beveget seg ufrivillig. Til tross for frelsen gikk hun nå gjennom et helvete få kristne forsto. Ånden hennes ble frelst – men sjelen hennes var **krenket, sprukket opp og fragmentert**.

Ettervirkningene ingen snakker om

- **Tredje øyne forblir åpne** : Konstante visjoner, hallusinasjoner, åndelig støy, "engler" som lyver.
- **Kroppen slutter ikke å vibrere** : Ukontrollerbar energi, trykk i hodeskallen, hjertebank.
- **Uopphørlig pine** : Selv etter 10+ befrielsesøkter.
- **Isolasjon** : Pastorer forstår ikke. Kirker ignorerer problemet. Personen blir stemplet som «ustabil».
- **Frykt for helvete** : Ikke på grunn av synd, men på grunn av pinen som nekter å ta slutt.

Kan kristne nå et punkt uten vei tilbake?

Ja – i dette livet. Du kan bli **frelst**, men så fragmentert at **din sjel er i pine til døden**.

Dette er ikke skremselspropaganda. Dette er en **profetisk advarsel**.

Globale eksempler

- **Afrika** – Falske profeter slipper ut kundalini-ild under gudstjenester – folk får kramper, skummer, ler eller brøler.
- **Asia** – Yogamestere stiger opp til «siddhi» (demonisk besettelse) og kaller det gudsbevissthet.
- **Europa/Nord-Amerika** – Neokarismatiske bevegelser som kanaliserer «herlighetsriker», bjeffer, ler og faller ukontrollert – ikke av Gud.
- **Latin-Amerika** – Sjamanistiske oppvåkninger som bruker ayahuasca (plantemedisiner) for å åpne åndelige dører de ikke kan lukke.

Handlingsplan – hvis du har gått for langt

1. **Bekjenn den eksakte portalen** : Kundalini yoga, tredje øye-meditasjoner, new age-kirker, psykedelika, osv.

2. **Stopp all jakt på befrielse** : Noen ånder plager lenger når du fortsetter å styrke dem med frykt.
3. **Forankre deg selv i Skriften** DAGLIG – spesielt Salme 119, Jesaja 61 og Johannes 1. Disse fornyer sjelen.
4. **Overgi deg til fellesskapet** : Finn minst én troende fylt med Den hellige ånd å vandre med. Isolasjon gir demoner kraft.
5. **Gi avkall på alt åndelig «syn», ild, kunnskap, energi** – selv om det føles hellig.
6. **Be Gud om nåde** – ikke én gang. Daglig. Hver time. Hold ut. Gud fjerner det kanskje ikke med en gang, men Han vil bære deg.

Gruppesøknad

- Ha en stund med stille refleksjon. Spør: Har jeg søkt åndelig kraft fremfor åndelig renhet?
- Be for dem som har uopphørlig pinsel. IKKE lov øyeblikkelig frihet – lov **disippelskap** .
- Lær forskjellen mellom **Åndens frukt** (Galaterne 5:22–23) og **sjelske manifestasjoner** (risting, hete, syner).
- Brenn eller ødelegg alle gjenstander fra den nye tidsalderen: chakrasymboler, krystaller, yogamatter, bøker, oljer, «Jesus-kort».

Viktig innsikt

Det finnes en **grense** som kan krysses – når sjelen blir en åpen port og nekter å lukke seg. Din ånd kan bli frelst ... men din sjel og kropp kan fortsatt leve i pine hvis du har blitt besudlet av okkult lys.

Refleksjonsjournal

- Har jeg noen gang søkt makt, ild eller profetisk syn mer enn hellighet og sannhet?
- Har jeg åpnet dører gjennom «kristnede» new age-praksiser?
- Er jeg villig til å **vandre daglig** med Gud, selv om full utfrielse tar år?

Bønn om overlevelse

Far, jeg roper om nåde. Jeg avsier enhver slangeånd, Kundalini-kraft, åpning av det tredje øye, falsk ild eller new age-forfalskning jeg noen gang har berørt. Jeg overgir min sjel – sprukket som den er – tilbake til Deg. Jesus, frels meg ikke bare fra synd, men fra pine. Forsegl mine porter. Helbred mitt sinn. Lukk øynene mine. Knus slangen i min ryggrad. Jeg venter på Deg, selv i smerten. Og jeg vil ikke gi opp. I Jesu navn. Amen.

DAG 34: FRURERE, KODER OG FORBANNELSER — Når brorskap blir trelldom

> *Ha ikke fellesskap med mørkets ufruktbare gjerninger, men avslør dem heller.»* – Efeserne 5:11
> *«Du skal ikke slutte pakt med dem eller med deres guder.»* – 2. Mosebok 23:32

Hemmelige selskaper lover suksess, forbindelser og eldgammel visdom. De tilbyr **eder, grader og hemmeligheter** som er gitt videre «for gode menn». Men det de fleste ikke er klar over er: disse selskapene er **paktsaltre**, ofte bygget på blod, bedrag og demonisk troskap.

Fra frimureriet til kabbalaen, rosenkorserne til Skull & Bones – disse organisasjonene er ikke bare klubber. De er **åndelige kontrakter**, smidd i mørket og forseglet med ritualer som **forbanner generasjoner**.

Noen ble med frivillig. Andre hadde forfedre som gjorde det.

Uansett, forbannelsen består – inntil den er brutt.

En skjult arv – Jasons historie

Jason, en suksessfull bankmann i USA, hadde alt som lå i hans mage – en vakker familie, rikdom og innflytelse. Men om natten våknet han og kveltes, så hettekledde skikkelser og hørte besvergelser i drømmene sine. Bestefaren hans hadde vært frimurer av 33. grad, og Jason bar fortsatt ringen.

En gang spøkte han med frimurerløftene på et klubbarrangement – men i det øyeblikket han gjorde det, **gikk det opp for ham noe**. Tankene hans begynte å bryte sammen. Han hørte stemmer. Kona hans forlot ham. Han prøvde å få slutt på det hele.

På et retrett oppdaget noen den frimureriske forbindelsen. Jason gråt da han **avslo enhver ed**, brøt ringen og gjennomgikk befrielse i tre timer. Den natten sov han i fred for første gang på mange år.

Hans vitnesbyrd?

«*Du tuller ikke med hemmelige altere. De snakker – helt til du får dem til å holde kjeft i Jesu navn.*»

BRORSKAPETS GLOBALE nett

- **Europa** – Frimureriet er dypt forankret i næringsliv, politikk og kirkesamfunn.
- **Afrika** – Illuminati og hemmelige ordener som tilbyr rikdom i bytte mot sjeler; kulter på universiteter.
- **Latin-Amerika** – jesuittinfiltrasjon og frimurerritualer blandet med katolsk mystisisme.
- **Asia** – Gamle mysterieskoler, tempelprestedømmer knyttet til generasjonseder.
- **Nord-Amerika** – Eastern Star, Scottish Rite, brorskap som Skull & Bones, Bohemian Grove-eliten.

Disse kultene påkaller ofte «Gud», men ikke **Bibelens Gud** – de refererer til den **store arkitekten**, en upersonlig kraft knyttet til **luciferiansk lys**.

Tegn på at du er berørt

- Kronisk sykdom som legene ikke kan forklare.
- Frykt for avansement eller frykt for å bryte med familiesystemer.
- Drømmer om kapper, ritualer, hemmelige dører, losjer eller merkelige seremonier.
- Depresjon eller galskap i den mannlige linjen.
- Kvinner som sliter med barnløshet, overgrep eller frykt.

Handlingsplan for levering

1. **Gi avkall på alle kjente eder** – spesielt hvis du eller familien din var en del av frimureriet, rosenkorserne, Eastern Star, Kabala eller et annet «brorskap».
2. **Bryt alle grader** – fra innskrevet lærling til 33. grad, ved navn.

3. **Ødelegg alle symboler** – ringer, forklær, bøker, anheng, sertifikater osv.
4. **Lukk porten** – åndelig og juridisk gjennom bønn og erklæring.

Bruk disse skriftstedene:

- Jesaja 28:18 – «Din pakt med døden skal bli ugyldig.»
- Galaterne 3:13 – «Kristus kjøpte oss fri fra lovens forbannelse.»
- Esekiel 13:20–23 – «Jeg vil rive i stykker slørene deres og frigjøre mitt folk.»

Gruppesøknad

- Spør om noen medlemmer hadde foreldre eller besteforeldre i hemmelige selskaper.
- Led en **guidet forsakelse** gjennom alle grader av frimureriet (du kan lage et trykt manus for dette).
- Bruk symbolske handlinger – brenn en gammel ring eller tegn et kors over pannen for å oppheve det «tredje øyet» som åpnes i ritualer.
- Be over sinn, nakker og rygger – dette er vanlige steder for trelldom.

Viktig innsikt
Brorskap uten Kristi blod er et brorskap i trelldom.
Du må velge: en pakt med mennesker eller en pakt med Gud.
Refleksjonsjournal

- Har noen i familien min vært involvert i frimureri, mystisisme eller hemmelige eder?
- Har jeg uvitende resitert eller etterlignet løfter, trosbekjennelser eller symboler knyttet til hemmelige selskaper?
- Er jeg villig til å bryte familietradisjonen for å vandre fullt ut i Guds pakt?

Bønn om forsakelse

Far, i Jesu navn gir jeg avkall på enhver pakt, ed eller ritual knyttet til frimureriet, kabbala eller noe hemmelig selskap – i mitt liv eller min blodslinje. Jeg bryter enhver grad, enhver løgn, enhver demonisk rettighet som ble gitt gjennom seremonier eller symboler. Jeg erklærer at Jesus Kristus er mitt eneste Lys, min eneste Arkitekt og min eneste Herre. Jeg mottar frihet nå, i Jesu navn. Amen.

DAG 35: HEKSER I BENKENE — NÅR ONDSKAPET KOMMER INN GJENNOM KIRKEDØRENE

≪ *For slike menn er falske apostler, svikefulle arbeidere, som gir seg ut for å være Kristi apostler. Og det er ikke underlig! Selv Satan gir seg ut for å være en lysets engel.»* – 2. Korinterbrev 11:13–14

«*Jeg vet om dine gjerninger og din kjærlighet og din tro ... Likevel har jeg dette imot deg: Du tolererer kvinnen Jesabel, som kaller seg profetinne ...»* – Åpenbaringen 2:19–20

Den farligste heksa er ikke den som flyr om natten.

Det er den som **sitter ved siden av deg i kirken**.

De bruker ikke svarte kapper eller rir på kosteskaft.

De leder bønnemøter. Synger i lovsangsteam. Profeterer i tunger. Er pastorer i kirker. Og likevel ... er de **bærere av mørke**.

Noen vet nøyaktig hva de gjør – sendt som åndelige leiemordere.

Andre er ofre for forfedres hekseri eller opprør, og opererer med gaver som er **urene**.

Kirken som dekke – «Miriams» historie

Miriam var en populær utfrielsesprest i en stor vestafrikansk kirke. Stemmen hennes befalte demoner å flykte. Folk reiste på tvers av nasjoner for å bli salvet av henne.

Men Miriam hadde en hemmelighet: om natten reiste hun ut av kroppen sin. Hun ville se kirkemedlemmenes hjem, deres svakheter og deres blodslinjer. Hun trodde det var det «profetiske».

Hennes makt vokste. Men det gjorde også pinen hennes.

Hun begynte å høre stemmer. Fikk ikke sove. Barna hennes ble angrepet. Mannen hennes forlot henne.

Hun tilsto endelig: hun hadde blitt «aktivert» som barn av bestemoren sin, en mektig heks som fikk henne til å sove under forbannede tepper.

«Jeg trodde jeg var fylt med Den hellige ånd. Det var en ånd ... men ikke hellig.»

Hun gikk gjennom utfrielse. Men krigen har aldri stoppet. Hun sier:

«Hvis jeg ikke hadde tilstått, ville jeg ha dødd på et alter i ild ... i kirken.»

Globale situasjoner med skjult hekseri i kirken

- **Afrika** – Åndelig misunnelse. Profeter som bruker spådom, ritualer, vannånder. Mange altere er faktisk portaler.
- **Europa** – Psykiske medier som utgir seg for å være «åndelige veiledere». Hekseri pakket inn i new age-kristendom.
- **Asia** – Tempelprestinner går inn i kirker for å plante forbannelser og konvertitter til astralmonitorer.
- **Latin-Amerika** – Santería – praktiserende «pastorer» som forkynner befrielse, men ofrer kyllinger om natten.
- **Nord-Amerika** – kristne hekser som hevder å være «Jesus og tarot», energihealere på kirkescener og pastorer involvert i frimurerritualer.

Tegn på hekseri som opererer i kirken

- Tung atmosfære eller forvirring under gudstjenesten.
- Drømmer om slanger, sex eller dyr etter gudstjenester.
- Lederskap som faller i plutselig synd eller skandale.
- «Profetier» som manipulerer, forfører eller skammer seg.
- Alle som sier «Gud fortalte meg at du er mannen/kona mi».
- Merkelige gjenstander funnet i nærheten av prekestolen eller altrene.

HANDLINGSPLAN FOR LEVERING

1. **Be om dømmekraft** – Be Den hellige ånd om å åpenbare om det finnes skjulte hekser i fellesskapet ditt.
2. **Prøv enhver ånd** – selv om den høres åndelig ut (1. Johannes 4:1).

3. **Bryt sjelebånd** – Hvis du har blitt bedt over, profetert til eller berørt av noen uren, **så gi avkall på det**.
4. **Be over kirken din** – Forkynn Guds ild for å avsløre ethvert skjult alter, hemmelig synd og åndelig igle.
5. **Hvis du er et offer** – Søk hjelp. Ikke vær stille eller alene.

Gruppesøknad

- Spør gruppemedlemmene: Har du noen gang følt deg ukomfortabel eller åndelig krenket i en gudstjeneste?
- Led en **felles rensende bønn** for fellesskapet.
- Salv hver person og erklær en **åndelig brannmur** rundt sinn, altere og gaver.
- Lær ledere hvordan de skal **screene gaver** og **teste ånder** før de lar folk inn i synlige roller.

Viktig innsikt
Ikke alle som sier «Herre, Herre» er fra Herren.
Kirken er den **viktigste slagmarken** for åndelig besmittelse – men også stedet for helbredelse når sannheten opprettholdes.
Refleksjonsjournal

- Har jeg mottatt bønner, formidling eller veiledning fra noen hvis liv bar vanhellig frukt?
- Har det vært tilfeller der jeg har følt meg «uvel» etter kirken, men ignorert det?
- Er jeg villig til å konfrontere hekseri selv om jeg har på meg dress eller synger på scenen?

Bønn om avsløring og frihet
Herre Jesus, jeg takker deg for at du er det sanne lys. Jeg ber deg nå om å avsløre enhver skjult mørkets aktør som opererer i eller rundt mitt liv og fellesskap. Jeg avsier enhver uhellig meddeling, falsk profeti eller sjelebånd jeg har mottatt fra åndelige bedragere. Rens meg med ditt blod. Rens mine

gaver. Vokt mine porter. Brenn bort enhver falsk ånd med din hellige ild. I Jesu navn. Amen.

DAG 36: KODEDE FORMELLER – NÅR SANGER, MOTE OG FILMER BLIR PORTALER

» *Ta ikke del i mørkets ufruktbare gjerninger, men avslør dem heller.»* – Efeserne 5:11

«Ha ingen ugudelige myter og kjerringråd å gjøre, men øv dere heller opp til å være gudfryktige.» – 1 Timoteus 4:7

Ikke alle kamper begynner med et blodoffer.

Noen begynner med en **takt**.

En melodi. En fengende tekst som fester seg i sjelen din. Eller et **symbol** på klærne dine du syntes var «kult».

Eller et «ufarlig» show du ser på mens demoner smiler i skyggene.

I dagens hypertilkoblede verden er hekseri **kodet** – gjemt i **åpent syn** gjennom media, musikk, filmer og mote.

En mørk lyd – den virkelige historien: «Hodetelefonene»

Elijah, en 17-åring i USA, begynte å få panikkanfall, søvnløse netter og demoniske drømmer. Hans kristne foreldre trodde det var stress.

Men under en befrielsesøkt instruerte Den Hellige Ånd teamet til å spørre om **musikken hans**.

Han innrømmet: «Jeg hører på trap metal. Jeg vet at det er mørkt ... men det hjelper meg å føle meg sterk.»

Da laget spilte en av favorittsangene hans i bønn, skjedde det en **manifestasjon**.

Rytmene var kodet med **sangspor** fra okkulte ritualer. Baklengs maskering avslørte fraser som «underkast deg din sjel» og «Lucifer taler».

Så snart Elijah slettet musikken, angret og ga avkall på forbindelsen, vendte freden tilbake.

Krigen hadde kommet inn gjennom **øreportene hans**.

Globale programmeringsmønstre

- **Afrika** – afrobeat-sanger knyttet til pengeritualer; «juju»-referanser skjult i tekster; motemerker med symboler for det marine kongeriket.
- **Asia** – K-pop med subliminale seksuelle og åndekaniserende budskap; anime-figurer fylt med shinto-demonlære.
- **Latin-Amerika** – Reggaeton fremmer Santería-sang og bakoverkodede trylleformler.
- **Europa** – Motehus (Gucci, Balenciaga) bygger inn sataniske bilder og ritualer i catwalk-kulturen.
- **Nord-Amerika** – Hollywood-filmer kodet med hekseri (Marvel, skrekk, «lys vs. mørke»-filmer); tegnefilmer som bruker trolldom for moro skyld.

Common Entry Portals (and Their Spirit Assignments)

Media Type	Portal	Demonic Assignment
Music	Beats/samples from rituals	Torment, violence, rebellion
TV Series	Magic, lust, murder glorification	Desensitization, soul dulling
Fashion	Symbols (serpent, eye, goat, triangles)	Identity confusion, spiritual binding
Video Games	Sorcery, blood rites, avatars	Astral transfer, addiction, occult alignment
Social Media	Trends on "manifestation," crystals, spells	Sorcery normalization

HANDLINGSPLAN – SKILLE ifra, avgifte, forsvare

1. **Sjekk spillelisten, garderoben og seerhistorikken din**. Se etter

okkult, lystfylt, opprørsk eller voldelig innhold.
2. **Be Den Hellige Ånd om å avsløre** enhver uhellig innflytelse.
3. **Slett og ødelegg**. Ikke selg eller doner. Brenn eller kast noe demonisk – fysisk eller digitalt.
4. **Salv dine redskaper**, rom og ører. Erklær dem hellige til Guds ære.
5. **Erstatt med sannhet**: Tilbedelsesmusikk, gudfryktige filmer, bøker og bibellesninger som fornyer sinnet ditt.

Gruppesøknad

- Led medlemmene i en «Medieoversikt». La hver person skrive ned programmer, sanger eller gjenstander de mistenker kan være portaler.
- Be over telefoner og hodetelefoner. Salv dem.
- Gjør en gruppe-«detox-faste» – 3 til 7 dager uten sekulære medier. Spis kun Guds ord, tilbedelse og fellesskap.
- Vitne om resultatene på neste møte.

Viktig innsikt
Demoner trenger ikke lenger et helligdom for å komme inn i huset ditt. Alt de trenger er ditt samtykke for å trykke på spill.

Refleksjonsjournal

- Hva har jeg sett, hørt eller hatt på meg som kan være en åpen dør til undertrykkelse?
- Er jeg villig til å gi opp det som underholder meg hvis det også slavebinder meg?
- Har jeg normalisert opprør, begjær, vold eller hån i «kunstens» navn?

BØNN OM UTRENSKING

Herre Jesus, jeg kommer for Deg og ber om full åndelig avgiftning. Avslør hver eneste kodet forbannelse jeg har sluppet inn i livet mitt gjennom musikk, mote, spill eller media. Jeg angrer på å ha sett, brukt og lyttet til det som vanærer Deg. I dag kutter jeg sjelsbåndene. Jeg kaster ut enhver ånd av opprør, hekseri, begjær, forvirring eller pine. Rens mine øyne, ører og hjerte. Jeg vier nå min kropp, media og valg til Deg alene. I Jesu navn. Amen.

DAG 37: MAKTENS USYNLIGE ALTERE – FRIMURERE, KABBALAH OG OKKULTE ELITTER

> *Igjen tok djevelen ham med opp på et svært høyt fjell og viste ham alle verdens riker og deres herlighet. Han sa: 'Alt dette vil jeg gi deg, dersom du bøyer deg ned og tilber meg.'»* – Matteus 4:8–9

«Dere kan ikke drikke Herrens beger og demonenes beger. Dere kan ikke ha del i både Herrens bord og demonenes bord.» – 1. Korinterbrev 10:21

Det finnes altere gjemt ikke i huler, men i styrerom.

Ånder ikke bare i jungler – men i regjeringsbygninger, finanstårn, Ivy League-biblioteker og helligdommer forkledd som «kirker».

Velkommen til den **okkulte elites rike** :

frimurere, rosenkorsere , kabbalister , jesuittordener, øststjerner og skjulte luciferianske presteskap som **skjuler sin hengivenhet til Satan i ritualer, hemmelighold og symboler** . Gudene deres er fornuft, makt og eldgammel kunnskap – men **sjelene deres er forpliktet til mørket** .

Skjult i vanlig syn

- **Frimureriet** kamuflerer seg som et brorskap av byggmestre – men dets høyere grader påkaller demoniske vesener, sverger dødseder og opphøyer Lucifer som «lysbærer».
- **Kabbala** lover mystisk tilgang til Gud – men erstatter subtilt Jahve med kosmiske energikart og numerologi.
- **Jesuittisk mystisisme** , i sine korrupte former, blander ofte katolske bilder med åndelig manipulasjon og kontroll over verdenssystemer.
- **Hollywood, mote, finans og politikk** bærer alle med seg kodede budskap, symboler og **offentlige ritualer som egentlig er tilbedelsestjenester for Lucifer** .

Du trenger ikke å være en kjendis for å bli påvirket. Disse systemene **forurenser nasjoner** gjennom:

- Medieprogrammering
- Utdanningssystemer
- Religiøst kompromiss
- Økonomisk avhengighet
- Ritualer forkledd som «innvielser», «løfter» eller «merkevareavtaler»

Sann historie – «Loja ødela min avstamning»

Solomon (navn endret), en suksessfull forretningsmagnat fra Storbritannia, ble med i en frimurerlosje for å bygge nettverk. Han steg raskt, oppnådde rikdom og prestisje. Men han begynte også å ha skremmende mareritt – menn i kappe som tilkalte ham, blodseder, mørke dyr som jaget ham. Datteren hans begynte å skjære seg selv og hevdet at en «tilstedeværelse» fikk henne til å gjøre det.

En natt så han en mann på rommet sitt – halvt menneske, halvt sjakal – som sa til ham: *«Du er min. Prisen er betalt.»* Han kontaktet en befrielsestjeneste. Det tok **sju måneder med forsakelse, faste, oppkastningsritualer og å erstatte alle okkulte bånd** – før freden kom.

Han oppdaget senere: **Bestefaren hans var en 33. grads murer. Han hadde bare videreført arven uten å vite det.**

Global rekkevidde

- **Afrika** – Hemmelige selskaper blant stammeherskere, dommere, pastorer – som sverger troskap til blodseder i bytte mot makt.
- **Europa** – Malteserriddere, illuministiske losjer og elite esoteriske universiteter.
- **Nord-Amerika** – Frimurerstiftelser under de fleste stiftelsesdokumenter, domstolsstrukturer og til og med kirker.
- **Asia** – Skjulte dragekulter, forfedreordener og politiske grupper forankret i hybrider av buddhisme og sjamanisme.
- **Latin-Amerika** – Synkretiske kulter som blander katolske helgener med luciferianske ånder som Santa Muerte eller Baphomet.

Handlingsplan – Unnslippe elitealtere

1. **Gi avkall på** enhver involvering i frimureriet, Eastern Star, jesuitteder, gnostiske bøker eller mystiske systemer – selv «akademiske» studier av slike.
2. **Ødelegg** regalier, ringer, nåler, bøker, forklær, bilder og symboler.
3. **Bryt ordforbannelser** – spesielt dødseder og innvielsesløfter. Bruk Jesaja 28:18 («Din pakt med døden skal bli annullert...»).
4. **Faste i tre dager** mens du leser Esekiel 8, Jesaja 47 og Åpenbaringen 17.
5. **Erstatt alteret** : Vig deg på nytt til Kristi alter alene (Romerne 12:1–2). Nattverd. Tilbedelse. Salvelse.

Du kan ikke være i himmelens hoff og i Lucifers hoff samtidig. Velg ditt alter.
Gruppesøknad

- Kartlegg vanlige eliteorganisasjoner i din region – og be direkte mot deres åndelige innflytelse.
- Hold en sesjon der medlemmene konfidensielt kan tilstå om familiene deres var involvert i frimureriet eller lignende kulter.
- Ta med olje og nattverd – led en masseavståelse fra eder, ritualer og segl gjort i hemmelighet.
- Bryt stoltheten – minn gruppen på dette: **Ingen tilgang er verdt sjelen din.**

Viktig innsikt
Hemmelige selskaper lover lys. Men bare Jesus er verdens lys. Alle andre altere krever blod – men kan ikke frelse.
Refleksjonsjournal

- Var noen i min blodslinje involvert i hemmelige selskaper eller «ordener»?
- Har jeg lest eller eid okkulte bøker maskert som akademiske tekster?
- Hvilke symboler (pentagrammer, altseende øyne, soler, slanger, pyramider) er skjult i klærne, kunsten eller smykkene mine?

Bønn om forsakelse

Far, jeg fornekter ethvert hemmelig selskap, enhver losje, enhver ed, ethvert ritual eller ethvert alter som ikke er grunnlagt på Jesus Kristus. Jeg bryter mine fedres pakter, min blodslinje og min egen munn. Jeg avviser frimureriet, kabbala, mystisisme og enhver skjult pakt inngått for makt. Jeg ødelegger ethvert symbol, ethvert segl og enhver løgn som lovet lys, men leverte trelldom. Jesus, jeg troner deg igjen som min eneste Mester. La ditt lys skinne inn i ethvert hemmelig sted. I ditt navn vandrer jeg fri. Amen.

DAG 38: LIVMORSPAKTER OG VANNRIKER — NÅR SKJEBNEN ER URENNET FØR FØDSELEN

«*De ugudelige er fremmedgjort fra mors liv; de farer vill så snart de er født, og taler løgn.*» – Salme 58:3

«*Før jeg formet deg i mors liv, kjente jeg deg, før du var født, helliget jeg deg...*» – Jeremia 1:5

Hva om kampene du kjemper ikke startet med valgene dine – men med din oppfatning?

Hva om navnet ditt ble sagt på mørke steder mens du fortsatt var i livmoren?

Hva om **identiteten din ble byttet ut**, **skjebnen din solgt** og **sjelen din merket** – før du tok ditt første åndedrag?

Dette er realiteten av **innvielse under vann**, pakter med marine ånder og **krav på okkulte livmorer** som **binder generasjoner sammen**, spesielt i regioner med dype forfedre- og kystritualer.

Vannriket – Satans trone nedenfor

I det usynlige riket hersker Satan **over mer enn bare luften**. Han styrer også **den marine verden** – et enormt demonisk nettverk av ånder, altere og ritualer under hav, elver og innsjøer.

Marine ånder (ofte kalt *Mami Wata*, *kystens dronning*, *åndekoner/ektemenn* osv.) er ansvarlige for:

- For tidlig død
- Ufruktbarhet og spontanaborter
- Seksuell bondage og drømmer
- Psykisk plage
- Plager hos nyfødte

- Mønstre for oppgang og krasj i næringslivet

Men hvordan får disse åndene **lovlig grunnlag** ?
Ved livmoren.
Usynlige innvielser før fødselen

- **Forfedres dedikasjoner** – Et barn som blir «lovet» til en guddom hvis det blir født friskt.
- **Okkulte prestinner** som berører livmoren under graviditet.
- **Paktnavn** gitt av familien – uvitende til ære for marine dronninger eller ånder.
- **Fødselsritualer** utført med elvevann, amuletter eller urter fra helligdommer.
- **Navlestrengsbegravelse** med besvergelser.
- **Graviditet i okkulte miljøer** (f.eks. frimurerlosjer, new age-sentre, polygame kulter).

Noen barn blir født som slaver. Det er derfor de skriker voldsomt ved fødselen – ånden deres fornemmer mørke.
Ekte historie – «Babyen min tilhørte elven»
Jessica, fra Sierra Leone, hadde prøvd å bli gravid i fem år. Til slutt ble hun gravid etter at en «profet» ga henne en såpe å bade med og en olje å gni inn i livmoren. Babyen ble født sterk – men da den var tre måneder gammel, begynte den å gråte ustanselig, alltid om natten. Han hatet vann, skrek under badene og ristet ukontrollert når han ble tatt med i nærheten av elven.

En dag fikk sønnen hennes krampetrekninger og døde i fire minutter. Han våknet til liv – og **begynte å snakke med fulle ord da han var ni måneder gammel** : «Jeg hører ikke hjemme her. Jeg tilhører dronningen.»

Jessica var livredd og søkte befrielse. Barnet ble først løslatt etter 14 dager med faste og bønner om forsakelse – mannen hennes måtte ødelegge et familiebilde gjemt i landsbyen hans før pinen stoppet.

Babyer blir ikke født tomme. De blir født inn i kamper vi må kjempe på deres vegne.

GLOBALE PARALLELLER

- **Afrika** – Elvealtre, Mami Wata- innvielser, morkakeritualer.
- **Asia** – Vannånder påkalt under buddhistiske eller animistiske fødsler.
- **Europa** – Druidiske jordmorpakter, forfedres vannritualer, frimureriske innvielser.
- **Latin-Amerika** – Santeria-navngivning, elveånder (f.eks. Oshun), fødsel under astrologiske diagrammer.
- **Nord-Amerika** – Fødselsritualer i New age-stil, hypnofødsel med åndelige guider, «velsignelsesseremonier» av medier.

Tegn på livmorinitiert bondage

- Gjentakende spontanabortmønstre på tvers av generasjoner
- Nattskrekk hos spedbarn og barn
- Uforklarlig infertilitet til tross for medisinsk godkjenning
- Konstante vanndrømmer (hav, flom, svømming, havfruer)
- Irrasjonell frykt for vann eller drukning
- Følelsen av å bli «gjort krav på» – som om noe ser på fra fødselen av

Handlingsplan – Bryt livmorpakten

1. **Be Den Hellige Ånd** om å åpenbare om du (eller barnet ditt) ble innviet gjennom livmorritualer.
2. **Gi avkall på** enhver pakt inngått under graviditet – bevisst eller ubevisst.
3. **Be over din egen fødselshistorie** – selv om moren din ikke er tilgjengelig, snakk som den juridiske åndelige portvokteren i livet ditt.
4. **Faste med Jesaja 49 og Salme 139** – for å gjenvinne din guddommelige blåkopi.
5. **Hvis du er gravid** : Smør magen din og snakk daglig om ditt ufødte barn:

«Dere er satt til side for Herren. Ingen vannånd, blodånd eller mørkeånd skal eie dere. Dere tilhører Jesus Kristus – kropp, sjel og ånd.»

Gruppesøknad

- Be deltakerne skrive ned hva de vet om fødselshistorien sin – inkludert ritualer, jordmødre eller navngivingshendelser.
- Oppmuntre foreldre til å innvie barna sine på nytt i en «Kristus-sentrert navngivnings- og paktstjeneste».
- Led bønner som bryter vannpakter ved å bruke *Jesaja 28:18*, *Kolosserne 2:14* og *Åpenbaringen 12:11*.

Viktig innsikt

Livmoren er en port – og det som går gjennom den, kommer ofte inn med åndelig bagasje. Men intet livmoralter er større enn korset.

Refleksjonsjournal

- Var det noen gjenstander, oljer, amuletter eller navn involvert i unnfangelsen eller fødselen min?
- Opplever jeg åndelige angrep som begynte i barndommen?
- Har jeg uvitende gitt marinepakter videre til barna mine?

Bønn om frigjøring

Himmelske Far, du kjente meg før jeg ble formet. I dag bryter jeg enhver skjult pakt, vannritual og demonisk innvielse som ble gjort ved eller før min fødsel. Jeg avviser enhver påstand om sjøånder, familiære ånder eller generasjonslivmorsaltere. La Jesu blod omskrive min fødselshistorie og historien om mine barn. Jeg er født av Ånden – ikke av vannaldere. I Jesu navn. Amen.

DAG 39: VANNDØPT TIL TRELDHET – HVORDAN SPEDBARN, INITIALER OG USYNLIGE PAKTER ÅPNER DØRER

«*De utøste uskyldig blod, blodet til sine sønner og døtre, som de ofret til Kanaans avguder, og landet ble vanhelliget ved deres blod.*» – Salme 106:38

«*Kan man ta bytte fra krigere, eller redde fanger fra den voldsomme?*» Men så sier Herren: «*Ja, fanger skal tas fra krigere, og bytte skal hentes fra den voldsomme...*» – Jesaja 49:24–25

Mange skjebner ble ikke bare **avsporet i voksen alder** – de ble **kapret i spedbarnsalderen**.

Den tilsynelatende uskyldige navngivningsseremonien...

Den tilfeldige dukkerten i elvevannet «for å velsigne barnet»...

Mynten i hånden... Snittet under tungen... Oljen fra en «åndelig bestemor»... Til og med initialene gitt ved fødselen...

De kan alle virke kulturelle. Tradisjonelle. Ufarlige.

Men mørkets rike **skjuler seg i tradisjonen**, og mange barn har blitt **i hemmelighet innviet** før de noen gang kunne si «Jesus».

Den virkelige historien – «Jeg ble oppkalt etter elven»

I Haiti vokste en gutt som het Malick opp med en merkelig frykt for elver og stormer. Som småbarn ble han tatt med av bestemoren sin til en bekk for å bli «introdusert for åndene» for beskyttelse. Han begynte å høre stemmer da han var 7 år. Som 10-åring hadde han nattlige besøk. Som 14-åring forsøkte han selvmord etter å ha følt en «tilstedeværelse» alltid ved sin side.

På et befrielsesmøte manifesterte demonene seg voldsomt og skrek: «Vi kom til elven! Vi ble kalt ved navn!» Navnet hans, «Malick», hadde vært en del av en åndelig navngivningstradisjon for å «ære elvedronningen». Inntil han ble omdøpt i Kristus, fortsatte pinen. Nå tjener han i befrielsestjenesten blant ungdom fanget i forfedrenes dedikasjoner.

Hvordan det skjer – de skjulte fellene

1. **Initialer som pakter**
   Noen initialer, spesielt de som er knyttet til forfedres navn, familieguder eller vannguddommer (f.eks. «MM» = Mami/Marine; «OL» = Oya/Orisha-avstamning), fungerer som demoniske signaturer.
2. **Spedbarnsdypping i elver/bekker.**
   Utført «for beskyttelse» eller «rensing», er dette ofte **dåp inn i sjøånder**.
3. **Hemmelige navngivningsseremonier**
   Der et annet navn (forskjellig fra det offentlige) hviskes eller ytres foran et alter eller en helligdom.
4. **Fødselsmerkeritualer**
   Oljer, aske eller blod påføres panner eller lemmer for å «merke» et barn for ånder.
5. **Vannmatede navlestrengsbegravelser**
   Navlestrenger som slippes i elver, bekker eller begraves med vannbesvergelser – og barnet bindes til vanndare.

Hvis foreldrene dine ikke inngikk en pakt med Kristus med deg, er det sannsynlig at noen andre gjorde krav på deg.

Globale okkulte livmorbindingspraksiser

- **Afrika** – Oppkalling av babyer etter elveguddommer, begraving av snorer i nærheten av marine altere.
- **Karibia/Latin-Amerika** – dåpsritualer i Santeria, innvielser i yoruba-stil med urter og elvegjenstander.
- **Asia** – Hinduistiske ritualer som involverer Ganges-vann, astrologisk beregnet navngiving knyttet til elementære ånder.
- **Europa** – Druidiske eller esoteriske navnetradisjoner som påkaller skog-/vannvoktere.

- **Nord-Amerika** – Rituelle innvielser av innfødte, moderne Wicca-babyvelsignelser, navngivningsseremonier i New Age som påkaller «eldgamle guider».

Hvordan vet jeg det?

- Uforklarlige plager i tidlig barndom, sykdommer eller «innbilte venner»
- Drømmer om elver, havfruer, å bli jaget av vann
- Avsky for kirker, men fascinasjon for mystiske ting
- En dyp følelse av å «bli fulgt» eller observert fra fødselen av
- Å oppdage et etternavn eller en ukjent seremoni knyttet til spedbarnsalderen din

Handlingsplan – Forløs spedbarnsalderen

1. **Spør Den hellige ånd** : Hva skjedde da jeg ble født? Hvilke åndelige hender berørte meg?
2. **Gi avkall på alle skjulte innvielser**, selv om de er gjort i uvitenhet: «Jeg forkaster enhver pakt som er inngått på mine vegne som ikke var med Herren Jesus Kristus.»
3. **Bryt båndene til forfedres navn, initialer og symboler**.
4. **Bruk Jesaja 49:24–26, Kolosserne 2:14 og 2. Korinterbrev 5:17** til å erklære identitet i Kristus.
5. Om nødvendig, **hold en ny innvielsesseremoni** – presenter deg selv (eller barna dine) for Gud på nytt, og erklær nye navn hvis du blir ledet til det.

GRUPPESØKNAD

- Be deltakerne om å undersøke historien bak navnene sine.
- Skap et rom for åndelig omdøping hvis det blir ledet – la folk gjøre krav på navn som «David», «Ester» eller åndsledede identiteter.

- Led gruppen i en symbolsk *gjendåp* av innvielse – ikke vanndåp, men salvelse og en ordbasert pakt med Kristus.
- La foreldre bryte pakter over barna sine i bønn: «Dere tilhører Jesus – ingen ånd, elv eller forfedres bånd har noe juridisk grunnlag.»

Viktig innsikt
Din begynnelse er viktig. Men den trenger ikke å definere slutten din. Ethvert krav om en elv kan brytes av elven av Jesu blod.

Refleksjonsjournal

- Hvilke navn eller initialer fikk jeg, og hva betyr de?
- Var det hemmelige eller kulturelle ritualer som jeg må gi avkall på ved fødselen min?
- Har jeg virkelig viet mitt liv – min kropp, sjel, navn og identitet – til Herren Jesus Kristus?

Bønn om forløsning
Fader Gud, jeg kommer frem for deg i Jesu navn. Jeg avsier enhver pakt, innvielse og ritual som ble gjort ved min fødsel. Jeg avviser enhver navngivning, vannivitasjon og krav på forfedre. Enten det er gjennom initialer, navngivning eller skjulte altere – jeg avviser enhver demonisk rett til mitt liv. Jeg erklærer nå at jeg er fullt og helt din. Mitt navn er skrevet i Livets bok. Min fortid er dekket av Jesu blod, og min identitet er beseglet av Den Hellige Ånd. Amen.

DAG 40: FRA BEFRIET TIL BEFRIETTER — DIN SMERTE ER DIN ORDINASJON

«*Men det folket som kjenner sin Gud, skal være sterkt og utføre stordåd.*» – Daniel 11:32

«*Da oppreiste Herren dommere, som frelste dem fra disse plyndrernes hender.*» – Dommerne 2:16

Du ble ikke frelst for å sitte stille i kirken.

Du ble ikke frigjort bare for å overleve. Du ble frelst **for å frelse andre**.

Den samme Jesus som helbredet den demonbesatte i Markus 5 sendte ham tilbake til Dekapolis for å fortelle historien. Ingen seminar. Ingen ordinasjon. Bare et **brennende vitnesbyrd** og en munn som er satt i brann.

Du er den mannen. Den kvinnen. Den familien. Den nasjonen.

Smerten du har utholdt er nå ditt våpen.

Pinen du unnslapp er din trompet. Det som holdt deg i mørket blir nå **scenen for ditt herredømme.**

Ekte historie – Fra marinebrud til befrielsesminister

Rebecca, fra Kamerun, var en tidligere brud med en sjøånd. Hun ble inviet i en alder av 8 år under en navngivningsseremoni på kysten. Som 16-åring hadde hun sex i drømmer, kontrollerte menn med øynene sine og hadde forårsaket flere skilsmisser gjennom trolldom. Hun var kjent som «den vakre forbannelsen».

Da hun møtte evangeliet på universitetet, gikk demonene hennes amok. Det tok seks måneder med faste, befrielse og dyp disippelskap før hun ble fri.

I dag holder hun befrielseskonferanser for kvinner over hele Afrika. Tusenvis har blitt befridd gjennom hennes lydighet.

Hva om hun hadde forblitt taus?

Apostolisk oppgang – Globale befriere blir født

- **I Afrika** planter nå tidligere heksedoktorer kirker.
- **I Asia** forkynner eks-buddhister Kristus i hemmelige hus.
- **I Latin-Amerika** bryter nå tidligere Santeria-prester altere.
- **I Europa** leder eks-okkultister utleggende bibelstudier på nett.
- **I Nord-Amerika** leder overlevende fra new age-bedrag ukentlige Zoom-møter om befrielse.

De er **de usannsynlige**, de knuste, mørkets tidligere slaver som nå marsjerer i lyset – og **du er en av dem**.

Endelig handlingsplan – Gå inn i samtalen

1. **Skriv ditt vitnesbyrd** – selv om du synes det ikke er dramatisk. Noen trenger din frihetshistorie.
2. **Begynn i det små** – Be for en venn. Hold et bibelstudium. Del din befrielsesprosess.
3. **Slutt aldri å lære** – Forkynnere holder seg i Ordet, holder seg angerfulle og holder seg skarpe.
4. **Dekk familien din** – erklær daglig at mørket stopper med deg og barna dine.
5. **Erklær åndelige krigssoner** – arbeidsplassen din, hjemmet ditt, gaten din. Vær portvokteren.

Gruppeoppstart

I dag er det ikke bare en andakt – det er en **innvielsesseremoni**.

- Salv hverandres hoder med olje og si:

«Du er frelst for å frelse. Reis deg, Guds dommer.»

- Si høyt som gruppe:

«Vi er ikke lenger overlevende. Vi er krigere. Vi bærer lys, og mørket skjelver.»

- Utnevn bønnepar eller ansvarlighetspartnere for å fortsette å vokse i frimodighet og innflytelse.

Viktig innsikt
Den største hevnen mot mørkets rike er ikke bare frihet.
Det er multiplikasjon.

Sluttrefleksjonsjournal

- Hvilket øyeblikk visste jeg at jeg hadde gått fra mørke til lys?
- Hvem trenger å høre historien min?
- Hvor kan jeg begynne å skinne lys med vilje denne uken?
- Er jeg villig til å bli hånet, misforstått og motarbeidet – for å sette andre fri?

Bønn om igangsettelse
Fader Gud, jeg takker deg for 40 dager med ild, frihet og sannhet. Du frelste meg ikke bare for å beskytte meg – du frelste meg for å frelse andre. I dag mottar jeg denne kappen. Mitt vitnesbyrd er et sverd. Mine arr er våpen. Mine bønner er hammere. Min lydighet er tilbedelse. Jeg vandrer nå i Jesu navn – som en tennende fyr , en befrier, en lysbærer. Jeg er din. Mørket har ingen plass i meg, og ingen plass rundt meg. Jeg tar min plass. I Jesu navn. Amen.

360° DAGLIG ERKLÆRING OM BEFRIELSE OG HERREGJØRELSE – Del 1

«*Intet våpen som smides mot deg skal ha fremgang, og hver tunge som reiser seg mot deg i retten, skal du fordømme. Dette er Herrens tjeneres arv ...*» – Jesaja 54:17

I dag og hver dag tar jeg min fulle stilling i Kristus – i ånd, sjel og kropp.

Jeg lukker hver dør – kjent og ukjent – til mørkets rike.

Jeg bryter all kontakt, kontrakt, pakt eller fellesskap med onde altere, forfedreånder, åndeektefeller, okkulte samfunn, hekseri og demoniske allianser – ved Jesu blod!

Jeg erklærer at jeg ikke er til salgs. Jeg er ikke tilgjengelig. Jeg kan ikke rekrutteres. Jeg er ikke gjeninnviet.

Enhver satanisk tilbakekalling, åndelig overvåking eller ond påkalling – bli spredt med ild, i Jesu navn!

Jeg binder meg til Kristi sinn, Faderens vilje og Den hellige ånds røst.

Jeg vandrer i lys, i sannhet, i kraft, i renhet og i hensikt.

Jeg lukker hvert tredje øye, psykisk port og uhellig portal som åpnes gjennom drømmer, traumer, sex, ritualer, media eller falsk lære.

La Guds ild fortære ethvert ulovlig innskudd i min sjel, i Jesu navn.

Jeg taler til luften, landet, havet, stjernene og himmelen – dere skal ikke motarbeide meg.

Hvert skjult alter, agent, vokter eller hviskende demon som er satt imot mitt liv, min familie, mitt kall eller mitt territorium – bli avvæpnet og brakt til taushet ved Jesu blod!

Jeg dynker sinnet mitt i Guds ord.

Jeg erklærer at drømmene mine er helliget. Tankene mine er skjermet. Søvnen min er hellig. Kroppen min er et ildtempel.

Fra dette øyeblikket og fremover vandrer jeg i 360-graders befrielse – ingenting skjult, ingenting oversett.

Hver vedvarende bånd brytes. Hvert generasjonsåk knuses. Hver uomvendt synd blir avslørt og renset.

Jeg erklærer:

- **Mørket har ingen makt over meg.**
- **Hjemmet mitt er en brannsone.**
- **Mine porter er forseglet i herlighet.**
- **Jeg lever i lydighet og vandrer i kraft.**

Jeg står opp som en befrier for min generasjon.

Jeg vil ikke se meg tilbake. Jeg vil ikke gå tilbake. Jeg er lys. Jeg er ild. Jeg er fri. I Jesu mektige navn. Amen!

360° DAGLIG ERKLÆRING OM BEFRIELSE OG HERREGJØRELSE – Del 2

Beskyttelse mot hekseri, trolldom, nekromanter, medier og demoniske kanaler

Befrielse for deg selv og andre under deres innflytelse eller trelldom

Renselse og tildekking gjennom Jesu blod

Gjenoppretting av sunnhet, identitet og frihet i Kristus

Beskyttelse og frihet fra hekseri, medier, nekromantikere og åndelig trelldom

(gjennom Jesu blod og vårt vitnesbyrds ord)

«Og de seiret over ham ved Lammets blod og ved sitt vitnesbyrds ord...»
– *Åpenbaringen 12:11*

«Herren ... forpurrer falske profeters tegn og gjør spåmenn til dårer ... stadfester sin tjeners ord og oppfyller sine sendebuds råd.»
– *Jesaja 44:25–26*

«Herrens Ånd er over meg ... for å rope ut frihet for fanger og frigivelse for bundne ...»
– *Lukas 4:18*

ÅPNINGSBØNN:

Fader Gud, jeg kommer frimodig i dag ved Jesu blod. Jeg anerkjenner kraften i ditt navn og erklærer at du alene er min befrier og forsvarer. Jeg står som din tjener og vitne, og jeg forkynner ditt ord med frimodighet og autoritet i dag.

ERKLÆRINGER OM BESKYTTELSE OG BEFRIELSE

1. **Befrielse fra hekseri, medier, nekromanter og åndelig innflytelse:**

- Jeg **bryter og gir avkall på** enhver forbannelse, trolldom, spådom, fortryllelse, manipulasjon, overvåking, astral projeksjon eller sjelebånd – uttalt eller utført – gjennom hekseri, nekromanti, medier eller åndelige kanaler.
- Jeg **erklærer** at **Jesu blod** er mot enhver uren ånd som søker å binde, distrahere, bedra eller manipulere meg eller min familie.
- Jeg befaler at **all åndelig innblanding, besittelse, undertrykkelse eller sjelsbånd** skal brytes nå av autoriteten i Jesu Kristi navn.
- Jeg taler om **befrielse for meg selv og for enhver person som bevisst eller ubevisst er under påvirkning av hekseri eller falskt lys** . Kom ut nå! Bli fri, i Jesu navn!
- Jeg påkaller Guds ild til å **brenne ethvert åndelig åk, enhver satanisk kontrakt og ethvert alter** som er reist i ånden for å slavebinde eller fange vår skjebne.

«Det finnes ingen trolldom mot Jakob, ingen spådom mot Israel.» – *4. Mosebok 23:23*

2. **Renselse og beskyttelse av seg selv, barn og familie:**

- Jeg ber Jesu blod over mitt **sinn, sjel, ånd, kropp, følelser, familie, barn og arbeid.**
- Jeg erklærer: Jeg og mitt hus er **beseglet av Den Hellige Ånd og skjult med Kristus i Gud.**
- Intet våpen som smides mot oss skal ha fremgang. Hver tunge som taler ondt mot oss skal **dømmes og bringes til taushet** i Jesu navn.
- Jeg fornekter og kaster ut enhver **ånd av frykt, pine, forvirring, forførelse eller kontroll** .

«Jeg er Herren, som tilintetgjør løgnernes tegn ...» – *Jesaja 44:25*

3. **Gjenoppretting av identitet, formål og sunt sinn:**

- Jeg gjenvinner hver del av min sjel og identitet som ble **byttet bort,**

- **fanget eller stjålet** gjennom bedrag eller åndelig kompromiss.
- Jeg erklærer: Jeg har **Kristi sinn**, og jeg vandrer i klarhet, visdom og autoritet.
- Jeg erklærer: Jeg er **befridd fra enhver generasjons forbannelse og hustrolldom**, og jeg vandrer i pakt med Herren.

«Gud har ikke gitt meg motløshets ånd, men krafts, kjærlighets og sindighets ånd.» – *2. Timoteus 1:7*

4. Daglig tildekking og seier i Kristus:

- Jeg erklærer: I dag vandrer jeg i guddommelig **beskyttelse, dømmekraft og fred**.
- Jesu blod taler **bedre ting** for meg – beskyttelse, helbredelse, autoritet og frihet.
- Enhver ond oppgave som er satt for denne dagen er omgjort. Jeg vandrer i seier og triumf i Kristus Jesus.

«Tusen kan falle ved min side og ti tusen ved min høyre hånd, men de skal ikke komme nær meg...» – *Salme 91:7*

ENDELIG ERKLÆRING OG VITNESBØR:

«Jeg overvinner enhver form for mørke, hekseri, nekromanti, trolldom, psykisk manipulasjon, sjelemanipulering og ond åndelig overføring – ikke ved min styrke, men **ved Jesu blod og mitt vitnesbyrds ord**.»

«Jeg erklærer: **Jeg er frelst. Min husstand er frelst.** Hvert skjult åk er brutt. Hver felle er avslørt. Hvert falskt lys er slukket. Jeg vandrer i frihet. Jeg vandrer i sannhet. Jeg vandrer i Den Hellige Ånds kraft.»

«Herren stadfester sin tjeners ord og fullfører sitt sendebuds råd. Slik skal det være i dag og alle dager fra nå av.»

I Jesu mektige navn, **Amen.**

SKRIFTREFERANSER:

- Jesaja 44:24–26
- Åpenbaringen 12:11
- Jesaja 54:17
- Salme 91

- 4. Mosebok 23:23
- Lukas 4:18
- Efeserne 6:10–18
- Kolosserne 3:3
- 2. Timoteus 1:7

360° DAGLIG ERKLÆRING OM BEFRIELSE OG HERREGJØRELSE - Del 3

Herren er en krigsmann; Herren er hans navn.» – 2. Mosebok 15:3
«*De seiret over ham ved Lammets blod og ved sitt vitnesbyrds ord...*» – Åpenbaringen 12:11

I dag står jeg opp og tar min plass i Kristus – sitter i himmelen, langt over alle fyrster, makter, troner, herredømmer og ethvert navn som nevnes.

JEG GAVNER AVKJENNING

Jeg gir avkall på enhver kjent og ukjent pakt, ed eller innvielse:

- Frimureriet (1. til 33. grad)
- Kabbala og jødisk mystisisme
- Øststjernen og rosenkreuzerne
- Jesuittordener og Illuminati
- Sataniske brorskap og luciferianske sekter
- Marine ånder og undersjøiske pakter
- Kundalini-slanger, chakrajusteringer og tredje øye-aktivering
- New Age-bedrag, Reiki, kristen yoga og astralreiser
- Hekseri, trolldom, nekromanti og astrale kontrakter
- Okkulte sjelebånd fra sex, ritualer og hemmelige pakter
- Frimurereder over min blodlinje og forfedrenes prestedømmer

Jeg kutter hver åndelig navlestreng til:

- Gamle blodaltere
- Falsk profetisk ild
- Åndelige ektefeller og drømmeinntrengere
- Hellig geometri, lyskoder og universelle lovdoktriner
- Falske kristuser, kjente ånder og forfalskede hellige ånder

La Jesu blod tale på mine vegne. La hver kontrakt bli revet. La hvert alter bli knust. La hver demonisk identitet bli visket ut – nå!

JEG ERKLÆRER
Jeg erklærer:

- Kroppen min er et levende tempel for Den hellige ånd.
- Mitt sinn er voktet av frelsens hjelm.
- Min sjel blir helliggjort daglig ved Ordets vasken.
- Mitt blod er renset av Golgata.
- Drømmene mine er forseglet i lys.
- Mitt navn er skrevet i Lammets livsbok – ikke i noe okkult register, losje, loggbok, bokrull eller segl!

JEG BEFALER
Jeg befaler:

- Enhver mørkets agent – observatører, overvåkere, astrale projektorer – skal bli blindet og spredt.
- Hvert bånd til underverdenen, den marine verden og astralplanet – bli brutt!
- Hvert mørkt merke, implantat, rituelt sår eller åndelig brennemerking – bli renset med ild!
- Enhver kjent ånd som hvisker løgner – bli stilnet nå!

JEG FRIGJØRER
Jeg kobler meg fra:

- Alle demoniske tidslinjer, sjelsfengsler og åndebur
- Alle rangeringer og grader i hemmelige selskaper
- Alle falske kapper, troner eller kroner jeg har båret
- Enhver identitet som ikke er forfattet av Gud
- Enhver allianse, vennskap eller forhold som er styrket av mørke systemer

JEG ETABLERER

Jeg etablerer:

- En brannmur av herlighet rundt meg og min husstand
- Hellige engler ved hver port, portal, vindu og sti
- Renhet i media, musikk, minner og sinn
- Sannhet i mine vennskap, tjeneste, ekteskap og misjon
- Ubrutt fellesskap med Den hellige ånd

JEG SENDER INN
Jeg underkaster meg helt og holdent Jesus Kristus –
Lammet som ble slaktet, Kongen som hersker , Løven som brøler.
Jeg velger lys. Jeg velger sannhet. Jeg velger lydighet.
Jeg tilhører ikke denne verdens mørke riker.
Jeg tilhører vår Guds og hans Kristi rike.
Jeg advarer fienden
Med denne erklæringen sender jeg varsel til:

- Hvert høytstående fyrstedømme
- Enhver herskende ånd over byer, blodslinjer og nasjoner
- Enhver astralreisende, heks, trollmann eller fallen stjerne ...

Jeg er urørlig eiendom.
Mitt navn finnes ikke i dine arkiver. Min sjel er ikke til salgs. Mine drømmer er under kommando. Min kropp er ikke ditt tempel. Min fremtid er ikke din lekeplass. Jeg vil ikke vende tilbake til trelldom. Jeg vil ikke gjenta forfedrenes sykluser. Jeg vil ikke bære fremmed ild. Jeg vil ikke være et hvilested for slanger.

JEG FORSEGLER
Jeg forsegler denne erklæringen med:

- Jesu blod
- Den hellige ånds ild
- Ordets autoritet
- Kristi legemes enhet

- Lyden av mitt vitnesbyrd

I Jesu navn, Amen og Amen

KONKLUSJON: FRA OVERLEVELSE TIL SØNNEKAP – Å FORBLI FRI, LEVE FRI, SETTE ANDRE FRI

> *Stå derfor fast i den frihet som Kristus har frigjort oss med, og la dere ikke igjen vikle med trelldoms åk.»* – Galaterne 5:1
>
> *«Han førte dem ut av mørke og dødsskygge og brøt lenkene deres i stykker.»* – Salme 107:14

Disse 40 dagene handlet aldri bare om kunnskap. De handlet om **krigføring**, **oppvåkning** og **å vandre i herredømme**.

Du har sett hvordan det mørke riket opererer – subtilt, generasjonsvis, noen ganger åpenlyst. Du har reist gjennom forfedrenes porter, drømmeriker, okkulte pakter, globale ritualer og åndelig pine. Du har møtt vitnesbyrd om ufattelig smerte – men også **radikal befrielse**. Du har brutt altere, fornektet løgner og konfrontert ting mange prekestoler er for redde til å nevne.

MEN DETTE ER IKKE SLUTT.

Nå begynner den virkelige reisen: **Bevar din frihet. Lev i Ånden. Lær andre veien ut.**

Det er lett å gå gjennom 40 dager med ild og vende tilbake til Egypt. Det er lett å rive ned altere bare for å bygge dem opp igjen i ensomhet, begjær eller åndelig utmattelse.

Ikke gjør det.

Du er ikke lenger en **slave av sykluser**. Du er en **vekter** på muren. En **portvokter** for familien din. En **kriger** for byen din. En **stemme** til nasjonene.

7 SISTE ANKLAGER TIL DE SOM VIL VANDRE I HERREDØMME

1. **Vokt portene dine.**
   Ikke åpne åndelige dører igjen gjennom kompromisser, opprør,

forhold eller nysgjerrighet.
«Gi djevelen ikke rom.» – Efeserne 4:27

2. **Disiplinér appetitten din.**
   Faste bør være en del av din månedlige rytme. Det retter opp sjelen og holder kjødet ditt underdanig.

3. **Forplikt deg til renhet.**
   Emosjonelt, seksuelt, verbalt, visuelt. Urenhet er den porten demonene bruker for å krype inn igjen.

4. **Å mestre Ordet**
   Skriften er ikke valgfri. Det er ditt sverd, skjold og daglige brød. *«La Kristi ord bo rikelig i dere...»* (Kol 3,16)

5. **Finn din stamme.**
   Befrielse var aldri ment å gås alene. Bygg, tjen og helbred i et åndsfylt fellesskap.

6. **Omfavn lidelse.**
   Ja – lidelse. Ikke all pine er demonisk. Noe er helliggjørende. Gå gjennom den. Herligheten venter dere.
   «Etter at dere har lidd en liten stund ... skal han styrke, styrke og grunnfeste dere.» – 1. Peter 5:10

7. **Lær andre**
   det du har mottatt gratis – gi nå gratis. Hjelp andre å bli frie. Start med hjemmet ditt, sirkelen din, kirken din.

FRA OVERLEVERT TIL DISIPPEL

Denne andakten er et globalt rop – ikke bare om helbredelse, men om at en hær skal reise seg.

Det er **tid for hyrder** som kan lukte krig.

Det er **tid for profeter** som ikke krymper seg for slanger.

Det er **tid for mødre og fedre** som bryter generasjonspakter og bygger sannhetens altere.

Det er **tid for at nasjoner** blir advart, og at Kirken ikke lenger tier.

DU ER FORSKJELLEN

Hvor du går herfra betyr noe. Hva du bærer med deg betyr noe. Mørket du ble trukket fra er selve territoriet du nå har autoritet over.

Befrielse var din fødselsrett. Herredømme er din kappe. Gå nå i den.

SLUTTBØNN

Herre Jesus, takk for at du har vandret med meg disse 40 dagene. Takk for at du avslører mørket, bryter lenkene og kaller meg til et høyere sted. Jeg nekter å gå tilbake. Jeg bryter enhver avtale med frykt, tvil og fiasko. Jeg mottar mitt rikes oppdrag med frimodighet. Bruk meg til å sette andre fri. Fyll meg med Den Hellige Ånd daglig. La livet mitt bli et lysets våpen – i min familie, i min nasjon, i Kristi legeme. Jeg vil ikke tie. Jeg vil ikke bli beseiret. Jeg vil ikke gi opp. Jeg går fra mørke til herredømme. For alltid. I Jesu navn. Amen.

Hvordan bli født på ny og starte et nytt liv med Kristus

Kanskje du har vandret med Jesus før, eller kanskje du nettopp har møtt Ham i løpet av disse 40 dagene. Men akkurat nå rører det seg noe inni deg.

Du er klar for mer enn religion.

Du er klar for **et forhold**.

Du er klar til å si: «Jesus, jeg trenger deg.»

Her er sannheten:

«For alle har syndet, og vi når alle ikke opp til Guds herlighet ... men Gud rettferdiggjør oss i sin nåde.»

– Romerne 3:23–24 (NLT)

Du kan ikke fortjene frelse.

Du kan ikke reparere deg selv. Men Jesus har allerede betalt full pris – og Han venter på å ønske deg velkommen hjem.

Hvordan bli født på ny

Å BLI FØDT PÅ NY BETYR å overgi livet ditt til Jesus – å akseptere hans tilgivelse, tro at han døde og oppsto igjen, og å ta imot ham som din Herre og Frelser.

Det er enkelt. Det er kraftfullt. Det forandrer alt.

Be dette høyt:

«**HERRE JESUS, JEG TROR du er Guds sønn.**

Jeg tror du døde for mine synder og stod opp igjen.

Jeg bekjenner at jeg har syndet, og at jeg trenger din tilgivelse.

I dag omvender jeg meg og vender meg bort fra mine gamle veier.

Jeg inviterer deg inn i mitt liv for å være min Herre og Frelser.

Vask meg ren. Fyll meg med din Ånd.
Jeg erklærer at jeg er født på ny, tilgitt og fri.
Fra denne dagen av vil jeg følge deg –
og jeg vil leve i dine fotspor.
Takk for at du frelste meg. I Jesu navn, amen.»

Neste steg etter frelse

1. **Fortell det til noen** – Del avgjørelsen din med en troende du stoler på.
2. **Finn en bibelbasert kirke** – Bli med i et fellesskap som forkynner Guds ord og lever det ut. Besøk God's Eagle ministries på nett via https://www.otakada.org [1] eller https://chat.whatsapp.com/H67spSun32DDTma8TLh0ov
3. **Bli døpt** – Ta det neste steget for å erklære din tro offentlig.
4. **Les Bibelen daglig** – Start med Johannesevangeliet.
5. **Be hver dag** – Snakk med Gud som en venn og Far.
6. **Hold kontakten** – Omgi deg med folk som oppmuntrer deg til den nye måten du går på.
7. **Start en disippelprosess i fellesskapet** – Utvikle et-til-ett-forhold med Jesus Kristus via disse lenkene

40-dagers disippelskap 1 - https://www.otakada.org/get-free-40-days-online-discipleship-course-in-a-journey-with-jesus/

40 Disippelskap 2 - https://www.otakada.org/get-free-40-days-dna-of-discipleship-journey-with-jesus-series-2/

---

1. https://www.otakada.org

Mitt frelsesøyeblikk

Dato: _____
 Signatur: _____

«*Den som er i Kristus, er en ny skapning. Det gamle er forbi, det nye er kommet!*»

– 2. Korinterbrev 5:17

Sertifikat for nytt liv i Kristus

Frelseserklæring – Født på ny av nåde

D ette bekrefter at

_____

(FULLT NAVN)

har offentlig erklært **tro på Jesus Kristus** som Herre og Frelser og har mottatt frelsens gave gjennom hans død og oppstandelse.

«Dersom du åpent bekjenner at Jesus er Herre og i ditt hjerte tror at Gud oppreiste ham fra de døde, skal du bli frelst.»
– Romerne 10:9 (NLT)

På denne dagen fryder himmelen seg og en ny reise begynner.

Avgjørelsesdato : _____

Signatur : _____

Frelseserklæringen

«I DAG OVERGIR JEG livet mitt til Jesus Kristus.

Jeg tror at han døde for mine synder og oppsto igjen. Jeg tar imot ham som min Herre og Frelser. Jeg er tilgitt, født på ny og gjort på ny. Fra dette øyeblikket av vil jeg vandre i hans fotspor.»

Velkommen til Guds familie!

NAVNET DITT ER SKREVET i Lammets livsbok.

Historien din har bare begynt – og den er evig.

KONTAKT MED GUDS EAGLE MINISTRIES

- Nettsted: www.otakada.org[1]
- Rikdom utover bekymring-serien: www.wealthbeyondworryseries.com[2]
- E-post: ambassador@otakada.org

- **Støtt dette arbeidet:**

Støtt rikets prosjekter, misjoner og gratis globale ressurser gjennom paktsledede gaver.
Skann QR-koden for å gi
https://tithe.ly/give?c=308311
Din gavmildhet hjelper oss å nå flere sjeler, oversette ressurser, støtte misjonærer og bygge disippelsystemer globalt. Takk!

---

1. https://www.otakada.org
2. https://www.wealthbeyondworryseries.com

3. BLI MED I WHATSAPP-paktfellesskapet vårt

Motta oppdateringer, andaktsinnhold og få kontakt med paktsinnstilte troende over hele verden.

Skann for å bli med
https://chat.whatsapp.com/H67spSun32DDTma8TLh0ov

ANBEFALT BØKER OG RESSURSER

- *Befridd fra mørkets makt* (**Paperback**) – Kjøp her [1] | E-bok [2] på Amazon[3]

- **Toppanmeldelser fra USA:**
    - **Kindle-kunde** : «Den beste kristne leseopplevelsen noensinne!» (5 stjerner)

---

1. https://shop.ingramspark.com/b/084?params=oeYbAkVTC5ao8PfdVdzwko7wi6IQimgJY2779NaqG4e
2. https://www.amazon.com/Delivered-Power-Darkness-AFRICAN-DELIVERED-ebook/dp/B0CC5MM4MV
3. https://www.amazon.com/Delivered-Power-Darkness-AFRICAN-DELIVERED-ebook/dp/B0CC5MM4MV

LOVPRIS JESUS FOR DETTE vitnesbyrdet. Jeg har blitt så velsignet og vil anbefale alle å lese denne boken ... For syndens lønn er døden, men Guds gave er evig liv. Shalom! Shalom!

- **Da Gster**: «Dette er en veldig interessant og ganske merkelig bok.» (5 stjerner)

Hvis det som står i boken er sant, så ligger vi virkelig langt bak i forhold til hva fienden er i stand til å gjøre! ... Et must for alle som ønsker å lære om åndelig krigføring.

- **Visa**: «Elsker denne boken» (5 stjerner)

Dette er en øyeåpner ... en ekte tilståelse ... I det siste har jeg lett etter den overalt for å kjøpe den. Så glad for å få tak i den fra Amazon.

- **FrankJM**: «Ganske annerledes» (4 stjerner)

Denne boken minner meg om hvor ekte åndelig krigføring er. Den minner meg også om grunnen til å ta på seg «Guds fulle rustning».

- **JenJen**: «Alle som vil til himmelen – les dette!» (5 stjerner)

Denne boken forandret livet mitt så mye. Sammen med John Ramirez' vitnesbyrd vil den få deg til å se på troen din på en annen måte. Jeg har lest den seks ganger!

- *Eks-satanist: James-utvekslingen* (Paperback) – Kjøp her [4]| E-bok [5]på Amazon[6]

---

4. https://shop.ingramspark.com/b/ 084?params=I2HNGtbqJRbal8OxU3RMTApQsLLxcUCTC8zUdzDy0W1

5. https://www.amazon.com/JAMESES-Exchange-Testimony-High-Ranking-Encounters-ebook/dp/ B0DJP14JLH

6. https://www.amazon.com/JAMESES-Exchange-Testimony-High-Ranking-Encounters-ebook/dp/ B0DJP14JLH

- *VITNESBRIEF FRA EN AFRIKANSK EKS-SATANIST - Pastor JONAS LUKUNTU MPALA* (Paperback) — Kjøp her [7]| E-bok [8]på Amazon[9]

- *Greater Exploits 14* (Paperback) – Kjøp her [10]| E-bok [11]på Amazon[12]

---

7. https://shop.ingramspark.com/b/
   084?params=0Aj9Sze4cYoLM5OqWrD20kgknXQQqO5AZYXcWtoMqWN
8. https://www.amazon.com/TESTIMONY-African-EX-SATANIST-Pastor-Jonas-ebook/dp/
   B0DJDLFKNR
9. https://www.amazon.com/TESTIMONY-African-EX-SATANIST-Pastor-Jonas-ebook/dp/
   B0DJDLFKNR
10. https://shop.ingramspark.com/b/084?params=772LXinQn9nCWcgq572PDsqPjkTJmpgSqrp88b0qzKb
11. https://www.amazon.com/Greater-Exploits-MYSTERIOUS-Strategies-Countermeasures-ebook/dp/
    B0CGHYPZ8V
12. https://www.amazon.com/Greater-Exploits-MYSTERIOUS-Strategies-Countermeasures-ebook/dp/
    B0CGHYPZ8V

- *Ut av djevelens gryte* av John Ramirez – Tilgjengelig på Amazon[13]
- *Han kom for å sette fangene fri* av Rebecca Brown – Finn på Amazon[14]

Andre bøker utgitt av forfatteren – Over 500 titler
Elsket, utvalgt og hel : En 30-dagers reise fra avvisning til **gjenopprettelse**
oversatt til 40 språk i verden
https://www.amazon.com/Loved-Chosen-Whole-Rejection-Restoration-ebook/dp/B0F9VSD8WL
https://shop.ingramspark.com/b/
084?params=xga0WR16muFUwCoeMUBHQ6HwYjddLGpugQHb3DVa5hE

---

13. https://www.amazon.com/Out-Devils-Cauldron-John-Ramirez/dp/0985604306
14. https://www.amazon.com/He-Came-Set-Captives-Free/dp/0883683239

I hans fotspor – en 40-dagers WWJD-utfordring:
Å leve som Jesus i virkelige historier rundt om i verden
https://www.amazon.com/His-Steps-Challenge-Real-Life-Stories-ebook/dp/B0FCYTL5MG
https://shop.ingramspark.com/b/084?params=DuNTWS59IbkvSKtGFbCbEFdv3Zg0FaITUEvlK49yLzB

JESUS VED DØREN:
40 hjerteskjærende historier og himmelens siste advarsel til dagens kirker
https://www.amazon.com/dp/B0FDX31L9F
https://shop.ingramspark.com/b/084?params=TpdA5j8WPvw83glJ12N1B3nf8LQte2a1lIEy32bHcGg

PAKTLIV: 40 DAGER MED vandring i velsignelsen i 5. Mosebok 28

- https://www.amazon.com/dp/B0FFJCLDB5

Historier fra ekte mennesker, ekte lydighet og ekte
https://shop.ingramspark.com/b/
084?params=bH3pzfz1zdCOLpbs7tZYJNYgGcYfU32VMz3J3a4e2Qt

Transformasjon på over 20 språk

Å KJENNE HENNE OG Å KJENNE HAM:
40 dager til helbredelse, forståelse og varig kjærlighet

HTTPS://WWW.AMAZON.com/KNOWING-HER-HIM-Healing-Understanding-ebook/dp/B0FGC4V3D9[15]

https://shop.ingramspark.com/b/084?params=vC6KCLoI7Nnum24BVmBtSme9i6k59p3oynaZOY4B9Rd

FULLFØR, IKKE KONKURRER:
En 40-dagers reise mot mening, enhet og samarbeid

---

[15]. https://www.amazon.com/KNOWING-HER-HIM-Healing-Understanding-ebook/dp/B0FGC4V3D9

[HTTPS://SHOP.INGRAMSPARK.com/b/
084?params=5E4v1tHgeTqOOuEtfTYUzZDzLyXLee30cqYo0Ov9941](https://shop.ingramspark.com/b/084?params=5E4v1tHgeTqOOuEtfTYUzZDzLyXLee30cqYo0Ov9941)[16]
   https://www.amazon.com/COMPLETE-NOT-COMPETE-Journey-Collaboration-ebook/dp/B0FGGL1XSQ/

GUDDOMMELIG HELSEKODE - 40 daglige nøkler for å aktivere helbredelse gjennom Guds ord og skapelse Lås opp den helbredende kraften i planter, bønn og profetisk handling

---

16. https://shop.ingramspark.com/b/084?params=5E4v1tHgeTqOOuEtfTYUzZDzLyXLee30cqYo0Ov9941

https://shop.ingramspark.com/b/084?params=xkZMrYcEHnrJDhe1wuHHYixZDViiArCeJ6PbNMTbTux
https://www.amazon.com/dp/B0FHJT42TK

ANDRE BØKER FINNER du på forfattersiden
https://www.amazon.com/stores/Ambassador-Monday-O.-Ogbe/author/B07MSBPFNX

VEDLEGG (1-6): RESSURSER FOR Å OPPRETTHOLDE FRIHET OG DYPERE BEFRIELSE

VEDLEGG 1: Bønn for å oppdage skjult hekseri, okkulte praksiser eller merkelige altere i kirken

» *Menneskesønn, ser du hva de gjør i mørket ...?»* – Esekiel 8:12
«*Og ha ikke del i mørkets ufruktbare gjerninger, men avslør dem heller.*» – Efeserne 5:11

Bønn for dømmekraft og avsløring:

Herre Jesus, åpne mine øyne, så jeg kan se hva du ser. La enhver fremmed ild, ethvert hemmelig alter, enhver okkult operasjon som gjemmer seg bak prekestoler, kirkebenker eller praksis bli avslørt. Fjern slørene. Avslør avgudsdyrkelse maskert som tilbedelse, manipulasjon maskert som profeti og perversjon maskert som nåde. Rens min lokale forsamling. Hvis jeg er en del av et kompromittert fellesskap, led meg i sikkerhet. Reis rene altere. Rene hender. Hellige hjerter. I Jesu navn. Amen.

VEDLEGG 2: Protokoll for medieavståelse og rensing

«*Jeg vil ikke sette noe ondt for øynene mine ...*» – Salme 101:3
Fremgangsmåte for å rense medielivet ditt:

1. **Revider** alt: filmer, musikk, spill, bøker, plattformer.
2. **Spør:** Forherliger dette Gud? Åpner det dører til mørke (f.eks. redsel, begjær, hekseri, voldelig eller new age-temaer)?
3. **Gi avkall på :**

«Jeg tar avkall på enhver demonisk portal som åpnes gjennom ugudelige medier. Jeg kobler min sjel fra alle sjelebånd til kjendiser, skapere, karakterer og historier som er styrket av fienden.»

1. **Slett og ødelegg** : Fjern innhold fysisk og digitalt.
2. **Erstatt** med gudfryktige alternativer – tilbedelse, lære, vitnesbyrd, sunne filmer.

VEDLEGG 3: Frimureri, Kabbalah, Kundalini, Hekseri, Okkult Forsakelsesskrift

« *Ha ikke noe med mørkets fruktløse gjerninger å gjøre ...»* – Efeserne 5:11
Si høyt:
I Jesu Kristi navn avsier jeg meg enhver ed, ethvert ritual, ethvert symbol og enhver innvielse i ethvert hemmelig selskap eller okkult orden – bevisst eller ubevisst. Jeg avviser alle bånd til:

- **Frimureriet** – Alle grader, symboler, blodeder, forbannelser og avgudsdyrkelse.
- **Kabbalah** – jødisk mystisisme, Zohar-lesninger, påkallelser av livets tre eller englemagi.
- **Kundalini** – Åpninger av det tredje øye, yoga-oppvåkninger, slangeild og chakra-justeringer.
- **Hekseri og New Age** – Astrologi, tarot, krystaller, måneritualer, sjelereiser, reiki, hvit eller svart magi.
- **Rosenkorserne , Illuminati, Hodeskalle og bein, jesuittedene, druidordenene, satanisme, spiritisme, santeria, voodoo, wicca, thelema, gnostisisme, egyptiske mysterier, babylonske ritualer.**

Jeg opphever enhver pakt inngått på mine vegne. Jeg kutter alle bånd i min blodslinje, i mine drømmer eller gjennom sjelsbånd. Jeg overgir hele mitt vesen til Herren Jesus Kristus – ånd, sjel og kropp. La enhver demonisk portal bli lukket permanent av Lammets blod. La mitt navn bli renset fra ethvert mørkt register. Amen.

VEDLEGG 4: Veiledning for aktivering av salvingsolje

> *Er noen blant dere lidende? La ham be. Er noen blant dere syk? La dem kalle til seg de eldste ... og salve ham med olje i Herrens navn.»* – Jakob 5:13–14

Slik bruker du salvingsolje for utfrielse og herredømme:

- **Pannen** : Fornyer sinnet.
- **Ører** : Å oppfatte Guds stemme.
- **Mage** : Renser setet for følelser og ånd.
- **Føtter** : Å vandre inn i guddommelig skjebne.
- **Dører/vinduer** : Lukking av åndelige porter og renselse av hjem.

Erklæring under salvingen:

«Jeg helliggjør dette rommet og karet med Den Hellige Ånds olje. Ingen demon har lovlig adgang hit. La Herrens herlighet bo på dette stedet.»

VEDLEGG 5: Forsakelse av det tredje øyet og overnaturlig syn fra okkulte kilder

Si høyt:

«I Jesu Kristi navn gir jeg avkall på enhver åpning av mitt tredje øye – enten det er gjennom traumer, yoga, astralreiser, psykedelika eller åndelig manipulasjon. Jeg ber Deg, Herre, om å lukke alle ulovlige portaler og forsegle dem med Jesu blod. Jeg frigjør enhver visjon, innsikt eller overnaturlig evne som ikke kom fra Den Hellige Ånd. La enhver demonisk observatør, astralprojektor eller enhet som overvåker meg, bli blindet og bundet i Jesu navn. Jeg velger renhet fremfor kraft, intimitet fremfor innsikt. Amen.»

VEDLEGG 6: Videoressurser med vitnesbyrd for åndelig vekst

1) start fra 1,5 minutter - https://www.youtube.com/watch?v=CbFRdraValc

2) https://youtu.be/b6WBHacwN0k?si=ZUPHzhDVnn1PPIEG[1]

3) https://youtu.be/XvcqdbEIO1M?si=GBlXg-cO-7f09cR[2]

4) https://youtu.be/jSm4r5oEKjE?si=1Z0CPgA33S0Mfvyt

5) https://youtu.be/B2VYQ2-5CQ8?si=9MPNQuA2f2rNtNMH

6) https://youtu.be/MxY2gJzYO-U?si=tr6EMQ6kcKyjkYRs

7) https://youtu.be/ZW0dJAsfJD8?si=Dz0b44I53W_Fz73A

8) https://youtu.be/q6_xMzsj_WA?si=ZTotYKo6Xax9nCWK

9) https://youtu.be/c2ioRBNriG8?si=JDwXwxhe3jZlej1U

10) https://youtu.be/8PqGMMtbAyo?si=UqK_S_hiyJ7rEGz1

11) https://youtu.be/rJXu4RkqvHQ?si=yaRAA_6KIxjm0eOX

12) https://youtu.be/nS_Insp7i_Y?si=ASKLVs6iYdZToLKH

13) https://youtu.be/-EU83j_eXac?si=-jG4StQOw7S0aNaL

14) https://youtu.be/_r4Jyzs2EDk?si=tldAtKOB_3-J_j_C

15) https://youtu.be/KiiUPLaV7xQ?si=I4x7aVmbgbrtXF_S

16) https://youtu.be/68m037cPEu0?si=XpuyyEzGfK1qWYRt

17) https://youtu.be/z4zlp9_aRQg?si=DR3lDYTt632E96a6

18) https://youtube.com/shorts/H_90n-QZU5Q?si=uLPScVXm81DqU6ds

---

1. https://youtu.be/b6WBHAcwN0k?si=ZUPHzhDVnn1PPIEG

2. https://youtu.be/XvcqdbEIO1M?si=GBlXg-c-O-7f09cR

SISTE ADVARSEL: Du kan ikke leke med dette

Befrielse er ikke underholdning. Det er krig.
 Forsakelse uten omvendelse er bare støy. Nysgjerrighet er ikke det samme som å kalle. Det finnes ting du ikke kommer deg over tilfeldig.
 Så tell prisen. Vandre i renhet. Vokt portene dine.
 Fordi demoner ikke respekterer støy – bare autoritet.

www.ingramcontent.com/pod-product-compliance
Lightning Source LLC
Chambersburg PA
CBHW050340010526
44119CB00049B/630